AF320862

OMNIPOTENCE DU JURY,

ET

ATTRIBUTIONS DE LA MAGISTRATURE,

DANS

LES COURS D'ASSISES.

Page 9, ligne 3 : qui a, *lisez* : qu'a.

Page 73, ligne 10 : pensent, *lisez* : pensant.

Page 84, ligne 2 : représentaient, *lisez* : repré-sentent.

Page 100, ligne 1re : qui, *lisez* : que.

Page 107, ligne 4 : ôtez le guillemet : la cita-tion ne commence qu'au second alinéa.

Page 125, ligne dernière : ces, *lisez* : les.

Page 150, ligne 7 : au lieu de : vice-chancelier de la chambre des pairs, *lisez* : membre de la cham-bre des pairs et vice-chancelier.

Page 252, ligne 1re : refuse, *lisez* : refusa.

OMNIPOTENCE DU JURY,

ET

ATTRIBUTIONS DE LA MAGISTRATURE,

DANS LES COURS D'ASSISES.

PAR M. COURRENT,

AVOCAT A LA COUR ROYALE DE PARIS.

PARIS.

JULES LEFEBVRE ET Cie., ÉDITEURS,

RUE DES-GRANDS-AUGUSTINS, N° 18.

1829.

IMPRIMERIE DE PLASSAN ET COMP.,
RUE DE VAUGIRARD, N° 15.

OMNIPOTENCE DU JURY,

ET

ATTRIBUTIONS DE LA MAGISTRATURE,

DANS

LES COURS D'ASSISES.

PREMIÈRE PARTIE.

---

§ Ier.

Combien de fois ai-je réfléchi à l'omnipotence du jury, et me suis-je dit : Si elle n'existait pas, il faudrait l'inventer ! Mais elle existe, et par la nature de l'institution du jury, et par les droits inaliénables de l'homme : la conscience ! Il faut donc démontrer à tous les yeux les élémens de l'institution du jury, il faut faire retentir dans toutes les âmes la voix sacrée de la conscience !

Trop long-temps d'obscurs préjugés ont pesé sur le monde ; trop long-temps des pouvoirs arbitraires ou corrompus ont gouverné les hommes : trop long-temps aussi les hommes, ou crédules ou lâches, étouffèrent leur raison. Quelques-uns ont osé exercer le droit imprescriptible d'examen, et beaucoup de superstitions sont tombées ; mais il en reste une, répandue, immense, et qui peut ramener toutes les autres : la superstition à la loi ! Il faut la détruire ; il faut proclamer qu'au-dessus de la loi est un pouvoir inexpugnable : la conscience ! C'est ce principe qui

doit faire régner la raison sur la terre ;
c'est ce principe qui doit achever le triomphe de la civilisation. Lorsqu'il sera établi
dans l'univers, l'univers ne verra plus
l'inhumanité sévissant au nom des reli-
gions, au nom des lois. Pendant combien
de siècles, et chez combien de peuples,
l'histoire, l'irrévocable histoire ne nous ap-
prend-elle pas qu'ont dominé des gouvernemens sans justice, des législations sans
équité, des magistratures sans conscience ?

La conscience est la suprême loi de la
magistrature des jurés ; non que je veuille
dire, à Dieu ne plaise, qu'elle ne soit aussi
la suprême loi de toutes les autres magistratures, et de toutes les autres puissances ;
mais, pour le malheur de l'humanité, trop
de juges et de gouvernans violent leur
conscience, pour ne pas, disent-ils, vio-

(4)

ler les lois : comme s'ils avaient le pouvoir
de déléguer leur conscience aux législateurs, ou comme si les législateurs avaient
le pouvoir de la leur ravir ! Préjugé absurde ! Mais la plupart n'y croient pas, et
législateurs, gouvernans et juges, obéis-
sent à leurs intérêts. Ah ! les législateurs
seraient contraints à être justes, si les gouvernans et les juges avaient tous le courage de ne vouloir jamais être injustes !
L'omnipotence du jury force la loi elle-
même à se conformer à la conscience humaine.

Je développerai les principes de l'omnipotence du jury (1) : je tâcherai d'établir le devoir imposé à tout homme de juger la justice

---

(1) On verra bientôt comment j'entends les droits si
peu connus et l'*omnipotence du Jury*.

des lois d'après sa conscience : je repous-
serai les systèmes qui oppriment la conscience, soit au nom de la théocratie, ou
du droit divin, inventé par des hommes
pour asservir la terre au nom du ciel, soit
au nom du contrat social, vaine hypothèse,
imaginée pour la liberté, et consacrant la
servitude; soit au nom d'une prétendue volonté générale; soit enfin au nom de la volonté vraie ou supposée de la majorité.

Mais, avant tout, je dois soumettre quelques observations rapides sur le pouvoir
judiciaire.

§ II.

Du Pouvoir judiciaire.

La nécessité de la division des pouvoirs
est un axiôme de la science politique. La

réunion du pouvoir législatif, du pouvoir judiciaire et du pouvoir exécutif, confondrait ce qui doit évidemment être séparé.

Cette réunion ne peut exister sans entraîner les plus effroyables malheurs ; l'histoire des gouvernemens despotiques (1) avertit le genre humain.

Parlons seulement des gouvernemens monarchiques, et souvenons-nous des tyrans qui ont déshonoré Rome , l'Angleterre, et la France, et la nature humaine.

A leurs noms, on pourrait ajouter les

----

(1) « Tout est perdu si le même homme, ou le même corps des principaux ou des nobles, ou du peuple, exerce ces trois pouvoirs ; celui de faire des lois, celui d'exécuter les résolutions publiques, et celui de juger les crimes ou les différends des particuliers. » Montesquieu, *Esprit des Lois*, liv. xi, chap. 6.

noms d'autres despotes, surtout des despotes d'Orient.

On divise encore les monarchies en monarchies absolues et en monarchies tempérées.

Dans les monarchies tempérées, le prince ne pourrait juger sans devenir despote.

On a donc reconnu *qu'il ne devait pas juger lui-même.*

Ce principe, que personne ne conteste, renferme des conséquences bien fécondes et bien heureuses ;

Bien fécondes, parce qu'il amène nécessairement à penser que le pouvoir de juger doit être transporté à la plus grande distance possible du gouvernement (1) ;

____

(1) C'est sans doute ce qui a fait dire à Delolme : « Non-seulement la sûreté du citoyen, mais celle de l'État lui-

Bien heureuses, parce que là où le pouvoir de juger est transporté à la plus grande distance possible du gouvernement, il y a la plus grande liberté possible de la nation.

Qu'elles arrivent donc *le plus tôt possible* pour la France, les conséquences de ce principe : *que le prince ne doit pas juger lui-même !*

On reconnaît un second principe, c'est que le prince ne doit pas juger par des commissaires, c'est-à-dire par des *délégués* révocables à volonté.

---

même, exigent donc les plus grandes précautions dans l'établissement de la puissance nécessaire, mais si redoutable d'infliger des peines. La première à prendre, celle même sans laquelle il est impossible d'en prévenir les dangers, c'est qu'elle ne soit jamais laissée à la disposition, ni même à l'influence de celui qui est dépositaire de la force publique. »

En effet, on a le despotisme et les commissaires de plus.

Je ne dirai pas ce qui a produit le régime des commissaires chez d'autres malheureux peuples : la France a bien assez de son deuil !

Qu'elle se rappelle que c'est dans son sein qu'est née cette réponse, digne d'être répétée en faveur d'un si grand nombre de condamnés : « Non, ils ne sont pas morts par justice, ils sont morts par commissaires ! »

Qu'elle se rappelle les commissaires sous le règne de Louis XI, les commissaires sous le ministère du cardinal de Richelieu et les commissaires de la révolution !

Le prince doit-il juger par des *délégués* appelés juges amovibles ?

Le prince doit-il juger par des *délégués* appelés juges inamovibles ?

Le prince doit-il choisir les juges ?

La nation doit-elle choisir les juges ?

Le *jugement du pays*, c'est-à-dire le jury, doit-il être établi dans toutes les affaires criminelles, correctionnelles et civiles ?

Voilà des questions vitales pour la France.

L'histoire et les publicistes protestent en faveur de l'institution du jury et contre les corps judiciaires.

L'histoire et les publicistes protestent contre le choix du prince.

Je me circonscris dans la France :

Pourvoyez aux offices et non aux personnes, criaient sans cesse les États-généraux aux rois de l'ancienne monarchie française (1).

Le hasard donnera de meilleurs sujets que le choix du prince, a dit Montesquieu (2).

Montesquieu défendait par cette raison la vénalité des charges, qui semble constituer le dernier outrage qu'on puisse faire à la morale et à la patience d'un peuple.

Il faut le dire à la honte des monarques français, qui s'étaient créés les grands-électeurs de tous les magistrats de France, l'histoire a justifié l'opinion de Montesquieu. Le choix du prince avait sans cesse créé une magistrature, que les États-gé-

______

(1) Les cahiers des *État-généraux* en font foi.
(2) *Esprit des Lois*, liv. v, chap. 19.
Cette maxime de Montesquieu doit être modifiée par les changemens que peuvent avoir apportés le gouvernement constitutionnel et la liberté de la presse. C,

néraux et la France avaient sans cesse accusée ; la vénalité créa une magistrature
que la France loua quelquefois.

Cependant cette magistrature même ,
trop louée, n'a pas été assez connue, assez
blâmée ; elle poussa au plus haut degré le
plus redoutable de tous les despotismes,
le despotisme magistral.

La magistrature française est en ce moment louée ; le sera-t-elle toujours ? En
général elle mérite de l'être ; le méritera-
t-elle toujours ?

Les corps judiciaires ne peuvent-ils pas
devenir dangereux pour le gouvernement
et pour la nation, mais surtout pour la nation ?

Faut-il former une alliance entre la magistrature et le jury dans toutes les causes
criminelles, correctionnelles et civiles ?

En un mot, une nouvelle organisation judiciaire est-elle nécessaire ?

Espérons que le peuple français fixera bientôt son attention sur le pouvoir de juger, le plus dangereux ou le plus salutaire de tous les pouvoirs pour une nation (1).

§ III.

De l'Institution du Jury.

Je le répète, de la nécessité reconnue de la division des pouvoirs, et du principe non contesté, que *le prince ne doit pas ju-*

---

(1) Puissent nos meilleurs publicistes me devancer dans les considérations que je me propose de publier bientôt, et rendre inutiles mes faibles essais !

ger lui-même, découle l'institution du jury.

Le jury, c'est *le pays,* comme disent les Anglais, c'est la nation ; ou, si l'on veut, c'est mieux encore, c'est l'élite de la nation.

Je le demande, qu'a la nation à craindre de la nation?

Craignez plutôt de ces « hommes qui, quelque indépendans qu'on les suppose, ne sont jamais unis au peuple par un intérêt commun (1). »

Organiser nationalement l'institution du jury, restreindre le plus qu'il est possible les attributions des juges, étendre les droits des jurés, voilà ce qu'un peuple, qui n'est pas oublieux de l'histoire ni insou-

____

(1) Erskine, cause du Doyen de Saint-Asaph.

ciant de l'avenir, doit faire s'il aime la liberté.

« . . . Ce qu'il faut toujours redire, qu'on ne saurait trop répéter, c'est que sans jurés il n'y a pas de liberté dans un pays (1). »

« De cette façon, la puissance de juger, *si terrible parmi les hommes*, n'étant attachée ni à un certain état, ni à une certaine profession, devient, pour ainsi dire, invisible et nulle. On n'a pas continuellement les juges devant les yeux : on craint la magistrature, et non pas les magistrats (2). »

« C'est surtout lorsque l'accusation est

----

(1) Duport, *Moyens d'exécution pour les jurés, au criminel et au civil.*

(2) Montesquieu, *Esprit des Lois*, liv. xi, chap. 6.

intentée au nom de la couronne, et dans l'intérêt des dépositaires de l'autorité, que l'on sent tout le prix d'une institution qui, transportant le pouvoir judiciaire à la plus grande distance possible du gouvernement, confie le glaive de la loi à des hommes également étrangers à l'accusateur et à l'accusé. . . . . (1). »

« L'administration de la justice criminelle, dévolue au peuple, est la base de toute liberté ; tant qu'elle subsiste, aucune tyrannie n'est possible, car le peuple n'exécutera jamais sur lui-même des lois tyranniques (2). »

On voit déjà *la nécessité et le but* de l'ins-

---

(1) *De l'Autorité Judiciaire*, par M. Henrion-de-Pansey, premier président de la Cour de cassation.
(2) Erskine, cause du doyen de Saint-Asaph.

titution du jury ; il faut donc qu'elle ré-
ponde à *sa nécessité*, et qu'elle atteigne
son but.

§ IV.

Le jury, c'est *le pays*. Or, Montesquieu
l'a très-bien dit : « Il est ridicule de prétendre décider des droits des royaumes,
des nations et de l'univers, par les mêmes
maximes sur lesquelles on décide, entre
particuliers, d'un droit pour une gout-
tière, pour me servir de l'expression de
Cicéron (a). » (1)

Le pays ne laissera pas opprimer un
citoyen *par les juges*.

(a) Liv. 1 des *Lois*.
(1) *Esprit des Lois*, liv. xx ♁ , chap. 16.

(18)

Le pays ne se laissera pas opprimer *par les législateurs.*

Voilà les deux conséquences et les deux immenses avantages de l'institution du jury.

Considérons d'abord *le pays*, c'est-à-dire le jury, *à l'égard des juges.*

§ V.

Les jurés sont les arbitres de la vie (1), de la liberté, de l'honneur de l'accusé.

Mais ici apparaissent poudreux ces vieux

----

(1) Là où la société, ou plutôt le législateur, croit devoir maintenir la peine de mort, qu'on laisse du moins à la société, c'est-à-dire au jury, le soin de déclarer s'il y a lieu à la peine de mort !

(19)

dictons de jurisprudence : *Judices sunt judices juris, juratores sunt judices facti*, les
juges sont les juges *du droit*, les jurés sont
les juges *du fait; ad quæstionem juris respondent judices, ad quæstionem facti respondent juratores*, les juges répondent à la
question *de droit*, les jurés répondent à la
question *de fait; ad quæstionem facti non
respondent judices, ad quæstionem juris non
respondent juratores*, les juges ne répondent pas à la question *de fait*, les jurés
ne répondent pas à la question *de droit*.

Nous voilà tombés bien bas. Nous
sommes dans la chicane, cette sale harpie
qui souille tout ce qu'elle touche ; c'est ainsi
qu'elle n'a cessé de déshonorer la plus
belle étude, celle des lois et de la justice.

Le croirait-on? par cette distinction du
fait et du *droit*, elle a voulu anéantir,

pour ainsi dire, l'institution du jury, la plus belle des institutions humaines.

Elle a tenu en échec la liberté anglaise jusqu'en 1792, et notre raison, en France, jusqu'à ce jour !

Aux assises de Shrewsbury, en 1784, William Davies Shipley, doyen de Saint-Asaph, fut accusé d'écrits séditieux.

Après les débats, M. le juge Buller, s'adressant aux jurés, commença ainsi : « Le prévenu a plaidé devant vous qu'il n'est pas coupable. Est-il ou n'est-il pas coupable *du fait* de la publication? Voilà ce que vous avez à décider. » Ainsi, les jurés, c'est-à-dire *le pays*, la nation, n'auraient eu à décider qu'*un fait*, qui est rarement contesté, qui ne l'était pas dans la cause, et les juges nommés par le roi auraient jugé, comme *question de droit*,

le mérite de l'ouvrage, c'est-à-dire, auraient placé sous leur dépendance la liberté de la presse, qui veille pour toutes
les autres libertés! C'est ce qu'ils avaient
tenté de faire, et quelquefois avec succès,
dans plusieurs procès semblables, et toujours par cette misérable subtilité, que
les jurés, étant juges *du fait*, n'avaient à
décider que *le fait* de la publication! Misérable subtilité! d'autant plus absurde
qu'elle détruisait plus évidemment tous les
principes de l'institution du jury, en osant
paraître dans le genre de procès « *qui fait
le mieux ressortir les avantages et l'excel-
lence de cette institution* (1). » N'importe, et
tel est quelquefois le triomphe de l'absurdité, d'autant plus puissante qu'elle est

______

(1) Édimburgh Review.

plus grande, M. le juge Buller arracha aux jurés, long-temps incertains, un verdict conforme à ses désirs... Erskine, défenseur du doyen de Saint-Asaph et *des droits du jury*, avait succombé devant M. le juge Buller; il succomba encore devant la *Cour du banc du roi*, présidée par lord Mansfield. Mais l'opinion des magistrats anglais succomba à son tour devant une loi du parlement de la trente-deuxième année du règne de Georges III.

Nous reviendrons, dans le cours de cet ouvrage, sur cette loi, qui reconnut que c'était aux jurés à décider tout ce qui embrasse *le fait* et *le droit* dans les procès de la presse, *comme dans tous les autres procès criminels.*

En attendant, remarquons bien ceci : Les juges anglais avaient tenté d'usurper les droits du jury, principalement dans les procès de la presse, qui sont les plus importans; en général, ils ne tentaient pas d'empêcher les jurés de décider *le fait* et *le droit dans tous les autres procès criminels.*

En France, le jury, dépossédé même de paraître dans les procès de la presse, se voit encore contester ses pouvoirs *dans tous les autres procès criminels !* A la vérité, dans ces derniers temps, il a répondu par quelques actes répétés d'omnipotence : il a accompli *le plus saint des devoirs* (1).

§ VI.

Nous avons vu quelles ont été en An-

---

(1) La question de l'*omnipotence* se compose de plusieurs questions que nous examinérons.

gleterre les conséquences abusives de la doctrine appuyée sur la distinction du *fait* et du *droit*.

Cette doctrine, avec ses vieux dictons que j'ai cités, a été transportée en France.

Voyons ce qu'il y a de vrai et ce qu'il y a de faux :

Je ne repousse pas la distinction du *fait* et du *droit* ; je l'admets : car, à Rome, en Angleterre, dans les États-Unis et en France, les législateurs l'ont établie pour fixer les limites entre les magistrats et les jurés.

Dans les procès *criminels*, comment faut-il entendre la distinction du *fait* et du *droit* ?

Le fait que les jurés ont à juger est un fait *criminel,* un fait *qualifié crime par une loi :* il appartient donc aux jurés d'examiner si réellement ce fait est *criminel*, si réellement ce fait est *qualifié crime par la loi.* Dans ce sens, je dis que leur jugement embrasse, doit embrasser le *fait* et le *droit*.

Le droit dont les juges restent les applicateurs, c'est le *droit pur*, indépendant du fait : ainsi, lorsque les jurés ont déclaré que l'accusé est coupable, soit *d'un vol*, soit *d'un faux*, les juges appliquent la loi qui punit *les vols*, ou la loi qui punit *les faux*.

Je vais passer au développement de ces principes.

Un jurisconsulte, dont les ouvrages sur la jurisprudence criminelle et l'institution du jury sont justement célèbres, a examiné plusieurs fois cette même question « qui est, dit-il, de la plus haute importance, puisqu'elle tient à l'essence même de l'institution du jury, et qu'elle tend à déterminer la ligne qui doit séparer les fonctions des juges inamovibles de celles des jurés. »

Il convient de la distinction *du fait* et *du droit*, et continue ainsi :

« Toute la difficulté se trouve donc réduite à bien distinguer *les questions de fait*, qui sont de la compétence du jury, *des pures questions de droit*, réservées aux magistrats, et à savoir si *la question qui tend à caractériser le délit*, c'est-à-dire à déclarer que *tel fait constitue un tel délit*, fait partie *du point de fait* ou *du point de droit*.

» Cette distinction entre *le point de fait* et *le point de droit* a donné lieu pendant long-temps à des discussions métaphysiques qui ont fourni plus d'une fois le sujet des querelles de l'école ; mais les plus célèbres interprètes du droit se sont enfin réunis à placer parmi *les questions de fait* toutes celles qui tendent *à connaître un fait, c'est-à-dire à en déterminer la* NATURE, LE CARACTÈRE *, et à savoir quelle a été la volonté, l'intention de son auteur;* tandis qu'ils n'ont considéré comme *questions de droit, que les questions simples, indépendantes des circonstances du fait, qui, ayant pour unique objet l'explication ou l'application d'une loi, ne donnent aucune prise à l'arbitraire* (1). »

« (1) Facti porrò quæstio est, ubi dubium est quid quis voluerit, senserit, quidve actum sit, omnisque adeò voluntatis quæstio...., et ubi disceptatur, factum quid sit an non, ut accidit in controversiis quæ in statu conjecturali versantur. Alex. Scoti, Brissonii, Gottl. Heineccii, et vocabul, jur. verb. facti et juris. — Quæstio de jure simplex est, cique præcisè responderi potest, quia jus est certum. Cujas, tract. ad afric. 1, tom. II, page 1869, C. »

(28)

« Voici comment M. Tronchet résuma,
dans un discours qu'il prononça dans le
sein de l'Assemblée constituante, le 29
avril 1790, la règle établie par les jurisconsultes pour déterminer en quoi *le jugement
en point de droit* diffère *du jugement en
point de fait :* « Nous appelons un juge-
» ment *en plein droit*, un jugement qui
» décide *une pure question* de coutume ou
» d'ordonnance, *tellement indépendante
» des circonstances du fait*, que sa décision
» peut s'appliquer *à tous les cas semblables;*
» nous appelons, au contraire, *un juge-
» ment de fait*, celui qui, QUOIQU'IL SOIT
» FONDÉ SUR UNE LOI, OU SUR DES PRINCIPES
» GÉNÉRAUX DE JUSTICE ET DE MORALE, ne
» peut avoir d'application particulière
» *qu'aux parties et à la circonstance dans*
» *laquelle elles se trouvent.* »

«En nous fixant à ces définitions pré-cises, il est aisé de voir que *toutes les questions relatives à l'application des lois pénales* (LORSQUE LES DÉLITS SE TROUVENT DÉCLARÉS ET CARACTÉRISÉS PAR LE JURY) sont *de pures questions de droit.* Il en est de même *des questions relatives à la prescription des crimes,* parce que *c'est la loi seule* qui règle cette sorte de prescription. . . . .»

«Mais *il n'en est pas de même des questions tendant* A CARACTÉRISER LES DÉLITS; quand même ces questions présenteraient *quelquefois* UN MÉLANGE DE FAIT ET DE DROIT, *elles ne pourraient cependant jamais donner lieu* QU'A UN JUGEMENT DE FAIT, car, CARAC-TÉRISER UN DÉLIT, *n'est-ce pas décider que les circonstances du fait suffisent pour cons-tituer un tel délit ?* Pour porter une *pareille décision,* ne faut-il pas *apprécier et juger toutes les circonstances du fait?* Apprécier et juger des circonstances de fait, n'est-ce pas rendre *un jugement de fait?* On ne peut en disconvenir sans s'écarter de la double définition des jurisconsultes précitée, suivant laquelle un jugement *n'est censé rendu en plein droit,* que lorsqu'il décide une *question de coutume ou d'ordonnance, tellement indépendante des circonstances du fait,* QU'IL PUISSE S'APPLIQUER A TOUS LES CAS SEMBLABLES ; tandis que si le jugement ne peut avoir d'application QU'AUX PARTIES ET A LA CIRCONSTANCE dans laquelle elles se trouvent, QUOIQU'IL SOIT FONDÉ SUR UNE LOI, il ne peut être considéré que comme JUGE-MENT DE FAIT. Ainsi, *toutes les fois* que la question à résoudre tombe *sur un point de fait* ou SUR UN MÉLANGE DE FAIT ET DE DROIT, le jugement qui intervient est *un jugement de fait*, par cela même qu'il *n'est pas indépendant* des circonstances *du fait*, et qu'il ne peut s'appliquer *qu'à une seule hypothèse.* »

« Il est vrai que les questions de droit se rattachent aussi à des points de fait; mais dans les pures questions de droit, la difficulté à résoudre porte uniquement sur *le point de droit, sur l'application d'une loi et non sur le point de fait* qui, se trouvant irrévocablement jugé par la déclaration du jury, ou authentiquement constaté, ne donne lieu à aucune controverse ; *c'est ce qu'il ne faut jamais perdre de vue.* Ainsi, par exemple, quand il s'agit d'infliger une peine à un voleur, à un assassin, si le fait et la culpabilité ont été déclarés constans par un jury légal, il ne reste qu'à ouvrir le livre de la loi pour en faire l'application. Cette dernière opération constitue un jugement en point de droit, qui ne peut être rendu que par les magistrats; tandis que, quand IL FAUT CARACTÉRISER UN DÉLIT, il faut, comme je l'ai déjà observé, recueillir, apprécier et juger toutes les circonstances du fait, vérifier si elles suffisent POUR CONSTITUER TEL OU TEL DÉLIT; et quoiqu'on puisse apercevoir dans cette question UN MÉLANGE DE FAIT ET DE DROIT, la difficulté portant essentiellement sur *l'appréciation du fait*, il est évident qu'elle ne peut donner lieu qu'à un JUGEMENT DE FAIT, jugement qui ne peut s'appliquer *qu'à l'hypothèse particulière de la cause.* Si donc LES QUESTIONS TENDANT A CARACTÉRISER LE DÉLIT ne peuvent donner lieu qu'à des jugemens en point de fait, j'en tire la conséquence qu'elles NE DOIVENT ÊTRE SOUMISES QU'AUX JUGES DE FAIT OU JURÉS (1). »

Ainsi, d'après cette savante discussion de M. Bourguignon, il appartient aux jurés de décider, non-seulement toutes les questions de *fait simple*, mais encore toutes les questions mêlées *de fait et de droit*.

Après le jurisconsulte français qui, chez nous, a le mieux défendu les droits des jurés, faisons paraître l'orateur anglais qui, chez nos voisins, a fait triompher les droits des jurés.

On se souvient que la magistrature anglaise contestait les droits des jurés, *sur-*

______

(1) M. Bourguignon. Voy. le *Mémoire* qui a remporté le prix, en l'an 10, sur cette question proposée par l'Institut : *Quels sont les moyens de perfectionner en France l'institution du jury?* et la *Jurisprudence des Codes criminels*, tom. 2, p. 555 et suiv. — Paris, 1825.

tout dans les procès de la presse : Erskine soutint, dans la cause du doyen de Saint-Asaph, qu'il n'y avait «aucune exception aux principes généraux.» Entendons - le lui-même établir ces principes généraux dans le second discours qu'il prononça dans cette cause, c'est-à-dire dans le discours qu'il prononça devant la Cour du *banc du roi*, présidée par lord Mansfield :

« Je commence donc par soutenir de nouveau, et en employant les mêmes paroles dont je me suis servi dans l'origine, que lorsqu'un acte d'accusation a été admis par le jury (1), ou qu'une information a été décrétée pour un crime ou délit *puni par la loi anglaise*, et que la partie accu-

---

(1) Il y a, en Angleterre, le jury d'accusation et le jury de jugement.   C.

sée s'en remet au jugement de son pays,
en plaidant ces conclusions générales, *non
coupable*, le jury (1) *est chargé de prononcer*
GÉNÉRALEMENT SUR LE CRIME, et
non spécialement sur un FAIT *ou sur des* FAITS
*desquels l'acte d'accusation ou l'information
font résulter le crime, et moins encore sur
un simple* FAIT, *à l'exclusion des autres énon-
cés dans le même acte, et sur le même registre.*

» Je soutiens, en second lieu, qu'aucun
fait, déclaré *criminel par la loi*, dans sa
théorie générale, ne constitue *abstractive-
ment et par lui-même un crime*, s'il n'y a eu
intention criminelle de la part de celui auquel il est imputé; je soutiens que cette
intention, lors même qu'elle est une conséquence nécessaire et légale du fait ou des

---

(1) Le jury de jugement.   C.

*faits prouvés, doit néanmoins être expressé-
ment déclarée par le jury*, avec l'assistance
du juge, car le fait imputé, quoique reconnu comme tel dans un jugement rendu
sur des conclusions générales, n'établit pas
inévitablement, et par une conclusion abs-
traite de la loi, cette intention criminelle;
la déclaration de ce fait n'étant encore que
la preuve du crime, mais non pas le crime
lui-même; à moins que le jury n'en ait
volontairement référé à la cour par un verdict spécial (1).

» *Ces deux propositions*, exposées avec
une précision étudiée, et dans les termes
techniques de la loi, afin de prévenir toutes subtilités et toutes discussions, au

____

(1) Nous verrons, dans les pages que je consacrerai
au jury anglais, ce que c'est que le *verdict spécial*.   C.

moyen desquelles on voudrait tenter de les obscurcir dans l'esprit de ceux qui m'écoutent, ne signifient et ne peuvent signifier rien autre chose que ceci : que dans tous les cas où la loi ordonne ou permet à un accusé de remettre son sort à la décision du jury, en plaidant ces conclusions générales, *non coupable*, le jury légalement investi par là du droit de prononcer, DOIT PRONONCER PAR UN VERDICT GÉNÉRAL, FONDÉ (COMME L'INDIQUE LE SENS COMMUN) SUR UN EXAMEN AUSSI GÉNÉRAL ET AUSSI ÉTENDU QUE L'EST L'ACCUSATION ELLE-MÊME.

» Cela posé, je confesse librement à la cour l'embarras que je ressens pour présenter quelque autre argument à l'appui de ma défense; car je ne trouve rien qui puisse mieux faire comprendre une proposition aussi claire, aussi incontestable,

soit en point de fait, soit en point de droit,
que cette proposition elle-même. Si je remonte à nos anciennes constitutions, si je
consulte les anciennes juridictions de ce
pays, je ne puis concevoir de quelle source
sont dérivées *ces restrictions si nouvelles*
que l'on veut imposer aux droits des jurés ;
le barreau lui-même n'est point encore
habitué à les respecter. Mon savant ami
M. Bearcroft (1) les abjure, il répète
aujourd'hui ce qu'il avoua lors du jugement,
il semble même redouter qu'on n'impute
à ses paroles d'avoir trahi sa pensée : car,
lorsque parlant ce matin du *droit qu'a le*
jury de prononcer sur toute l'accusation,
votre seigneurie l'a repris en lui disant que
sans doute il entendait par là le *pouvoir,* et

---

(1) M. Bearcroft était l'avocat de la couronne. C.

non pas le *droit*, il s'est levé aussitôt, il a désavoué cette explication avec une fermeté qui l'honore ; il a déclaré adhérer à sa première déclaration, dans toute son étendue : « Je n'ai point entendu, a-t-il » dit, reconnaître simplement que le jury » avait le *pouvoir*, car personne ne douta » jamais de son *pouvoir* ; et si un juge ve- » nait lui dire qu'il ne l'a pas, il pourrait se » rire de lui, et le convaincre d'erreur en » prononçant un *verdict général*, qui de- » vrait être inscrit sur les registres. J'ai donc » voulu considérer cette faculté comme *un* » *droit*, comme un privilége précieux, et » *d'une haute importance pour notre consti-* » *tution.* »

» Ainsi, M. Bearcroft et moi, nous som- mes parfaitement d'accord ; je n'ai jamais soutenu autre chose que ce qu'il a volon-

tairement concédé : je puis donc aujour-
d'hui l'invoquer comme une autorité favorable à ma cause, et répéter, en employant
mes premières paroles, QUE LE JURY N'A
PAS SEULEMENT LE POUVOIR D'EXAMINER
L'ACCUSATION EN SON ENTIER, et d'acquitter
le prévenu, sans courir le risque d'une
censure, d'une punition, ou même de voir
son verdict cassé par une autorité supérieure ; MAIS QU'IL EN A LE DROIT
LÉGAL ET CONSTITUTIONNEL ; qu'il
peut l'exercer ce *droit*, car il a été établi
par les sages fondateurs de notre gouvernement *pour protéger nos vies et nos libertés contre les abus d'une autorité confiée à
des magistrats inamovibles.*

» Mais cet aveu si plein de franchise de
M. Bearcroft, honorable pour lui, n'est
pour moi d'aucune utilité, car votre sei-

gneurie a déjà laissé entrevoir que la Cour
ne le ratifiait pas. Ce m'est donc un devoir
de prouver la doctrine que je veux faire
admettre. Je sens toute l'importance de
mon sujet, et rien aujourd'hui ne pourra
m'en faire sortir. Je réclame toute l'attention de mes juges, je réclame aussi le droit
de faire valoir tous les moyens que je croi-
rai favorables à ma cause, sans être taxé
de les proposer avec d'autres motifs que
ceux que mes obligations envers mon
client et les lois de mon pays approuvent
et autorisent.

» Il n'est point ordinaire, dans une Cour
de justice anglaise, de remonter aux premiers siècles de notre histoire et aux élémens de notre constitution, pour établir
les principes fondamentaux de nos lois ;
ces principes sont toujours reconnus, et,

comme les axiômes dans une science, ils servent de base à tous les raisonnemens sans avoir besoin d'être prouvés.

C'est ainsi que nos ancêtres, pendant plusieurs siècles, doivent avoir conçu le DROIT QU'A LE JURY DE PRONONCER SUR TOUTES LES QUESTIONS QUE LES FORMES DE LA LOI SOUMETTENT A SA DÉCISION SOUVERAINE; car, encore bien qu'il ait exercé CETTE SUPRÊME JURIDICTION depuis un temps immémorial, nous ne voyons dans aucun de nos anciens livres que ce DROIT ait jamais été mis en question : ce n'est qu'hier, si l'on compare ce court espace de temps avec le long âge de la loi, que *des juges*, sans aucun précédent, sans que la couronne leur ait donné de nouveaux pouvoirs, ou que le parlement ait étendu leur juridiction, *ont prétendu imposer des limites* AUX ATTRIBU-

TIONS ET AUX PRIVILÉGES DU JURY, *limites
entièrement inconnues dans les anciens
temps*, ET VISIBLEMENT CONTRAIRES AU BUT
DE SON INSTITUTION.

» Aucun fait, milord, n'est plus facile
à démontrer; car l'histoire et la législation d'un peuple libre sont ouvertes à l'in-
vestigation même du vulgaire. »

Après avoir prouvé les deux propositions qu'il a établies en commençant, Erskine passe à une troisième proposition :

« Ayant ainsi démontré, conformément
à mes deux premières propositions, que
le jury, toutes les fois qu'il est pris des
conclusions générales dans un procès criminel, a juridiction pour prononcer sur
toute l'accusation, *je dois maintenant établir ma troisième proposition, et vous prouver qu'il n'existe, pour les causes de li-*

belles, aucune exception aux principes géné-
raux (1). »

En vain Erskine a passé en revue toute la législation anglaise , en vain il a défendu par le plus éloquent plaidoyer les droits du jury , lord Mansfield et les autres juges de *la Cour du banc du roi* réprouvent les nobles principes que l'orateur patriote a proclamés, et adoptent à l'unanimité l'opinion de M. le juge Buller.

Mais bientôt la doctrine d'Erskine fut solennellement reconnue loi de l'État.

Fox proposa le fameux bill qui porte son nom (*Fox's libell bill*) ; Erskine, alors membre de la chambre des communes, le soutint de son éloquence. Ces

____

(1) Voy. les *Discours d'Erskine*, barreau anglais , trad. par MM. Clair et Clapier, avocats.

deux hommes illustres assurèrent pour toujours la liberté de la presse en Angleterre.

§ VII.

On vient de le voir, la dénomination de *juges de fait* ne doit pas empêcher les jurés de juger *les questions de droit*, puisque le fait qu'ils ont à juger est *un fait criminel, qualifié crime par la loi* : Il y a toujours là une question mêlée *de fait* et *de droit ;* et les jurés doivent être juges de toutes les questions mêlées *de fait* et *de droit* (M. Bourguignon) ; les magistrats ne sont juges que des questions *de droit pur*.

En un mot, les jurés doivent juger si le fait existe ;

Si le fait est un crime qualifié par la loi ;

Si l'accusé l'a commis avec intention criminelle.

Les magistrats ne sont que les applicateurs de la loi.

Par cette doctrine, et *par elle seule*, le jury, c'est-à-dire le pays, peut préserver, *dans tous les cas*, les citoyens d'être opprimés *par les magistrats*.

Lorsque je l'aurai établie, je tâcherai de démontrer encore que le jury peut et doit désobéir à la loi, si la loi est injuste : c'est ainsi qu'il préserve le pays d'être opprimé *par les législateurs*.

§ VIII.

J'ai dit que, par la doctrine que je soutiens, et *par elle seule*, le jury, c'est-à-dire le pays, peut préserver, *dans tous les cas*, les citoyens d'être opprimés *par les magistrats.*

En effet, par cette doctrine, les jurés sont juges *de l'accusation tout entière* (1).

Comment se fait-il qu'elle ait été méconnue, contestée?

« Les jurys ayant été institués pour mettre un frein aux délégués du roi, qui sont les juges, et ayant été établis les protecteurs du peuple contre les erreurs, les caprices et les préjugés de ces hommes du pouvoir, il est évident que ceux-ci ne sont portés ni à les défendre ni à étendre leur autorité.....

» Nos livres de jurisprudence et tous les ouvrages dans lesquels il est traité des pouvoirs relatifs des juges et des jurés, appar-

____

(1) Je rendrai évidens les dangers de toutes les doctrines qu'on a inventées pour morceler les droits des jurés.

tiennent en général à des gens de loi qui, par habitude, par intérêt, par orgueil ou par préjugé, soutiennent les prétentions exagérées de leur ordre. Aussi, l'auteur a-t-il trouvé tous les droits justes et naturels des jurys, enveloppés parmi une multitude de faux raisonnemens et de mauvaises pratiques. Il n'a puisé dans ces sources que lorsqu'il s'est senti appuyé des savans et respectables interprètes des lois ; encore n'y a-t-il puisé qu'avec la plus grande circonspection ; il n'a presque jamais eu recours qu'aux principes de l'institution et aux statuts du royaume.....

» Le plus grand nombre des jurés considèrent leur office comme désagréable ; ils espèrent qu'ils ne seront plus appelés à les remplir. Ils exécutent donc leur mission aussi promptement qu'ils le peuvent,

(49)

et se mettent peu en peine des usurpations des Cours sur leurs pouvoirs.....

» L'orgueil de l'éducation et la conscience d'une supériorité d'esprit ne sont
sentis aussi fortement dans aucun des
rangs de la société que dans les classes
diverses des hommes qui exercent la profession de juristes : de là, les invectives
qu'ils adressent bien souvent à la lenteur
et à l'inexpérience des jurés ; de là, l'im-
patience que leur donne habituellement
l'importance de leur autorité ; de là, aussi
leurs plaintes fréquentes sur ce qu'on fait
intervenir dans les affaires de leurs Cours
des citoyens ignorans et des habitans des
campagnes..... (1) »

Enfin, toutes ces causes et mille autres

____

(1) *Voy.* Richard Phillips, *des Pouvoirs et des Obli-*

4

établissent des préjugés que les principes peuvent ensuite difficilement écarter, et il n'est pas rare de voir des amis zélés de l'institution du jury en ignorer, en mé-connaître, en nier les droits.

Rappelons donc les jurés aux principes et à la nature de leur institution , et la nation trouvera dans cette institution la sauve-garde de la liberté individuelle et de la liberté politique.

Devant les principes et les résultats de cette institution disparaîtront toutes les subtilités de l'école que cette institution a pour but de bannir à jamais ; toutes les puériles objections tirées de la complica-tion des lois que cette institution a pour but de simplifier.

gations des jurys anglais, préface, et chapitre 1er, _Ob-servations préliminaires._

Voyons ce qu'ont été les jurés dans tous les temps.

§ IX.

Du Jury, dans les temps les plus reculés et chez quelques peuples anciens.

L'institution du jury a précédé la magistrature : c'est-à-dire, les jurés étaient alors des juges, *les pairs*, les égaux des parties, nommés par elles, et différens dans tous les procès.

Chez quelques peuples, les jurés jugeaient sans l'assistance des magistrats.

A ces époques, et chez ces peuples, il est donc impossible de nier les droits des jurés.

(52)

« L'institution du jury est aussi ancienne
que le monde. » Les premiers écrivains
qui exprimèrent cette vérité furent accusés d'un enthousiasme aveugle ou trom-
peur ; ils avaient plutôt consulté la nature
des choses et des hommes. En effet, «être
jugé par ses égaux, ou par ses pairs », telle
a dû être la passion de l'homme.

Cette institution, différemment nommée,
diversement composée, monument plus
ou moins parfait, mais toujours vivant de
l'égalité, nous est parvenue à travers les
siècles (1).

Remontez à ces époques reculées où
l'histoire nous dit que les hommes ne s'é-

----

(1) Le jury a existé là où *les caractères essentiels* de
cette institution ont existé. Ne pas reconnaître le jury,
là où il n'était pas tel qu'il est sous nos yeux, c'est une
erreur qui a été trop souvent commise.

taient pas encore rassemblés en corps de nations; si une querelle éclate, si une contestation les divise, ils choisissent pour juges des sages ou des vieillards.

Les Assyriens connurent le jugement *par pairs ;* le peuple nommait ceux qu'il destinait à prononcer sur les délits et sur les crimes.

Chez les Juifs, le peuple nommait les *sophetim ;* au nombre de trois, les *sophetim* délibéraient sur les affaires d'intérêt ; au nombre de vingt-trois, les *sophetim* composaient un *sanhédrin*, et les procès criminels devaient être portés devant ce nombreux tribunal ou sanhédrin (1).

La condamnation exigeait treize voix,

______

(1) Un sanhédrin était institué dans chaque ville dont la population excédait cent vingt familles.

c'est-à-dire une majorité de deux voix ;
prononcée, elle n'était pas définitive ; les
sophetim devaient la confirmer le surlen-
demain (1). Au moment même de l'exécution, un héraut demandait au peuple si
quelqu'un voulait défendre le condamné ;
si quelqu'un se présentait pour défenseur,
le condamné était rendu à la prison, le
procès recommençait.

Ainsi il en était de la condamnation.

L'acquittement était irrévocable.

Le même jour n'éclairait jamais deux
condamnations capitales (2).

Les Athéniens ont laissé à l'admiration

______

(1) Quelquefois on élevait le nombre des votans à
soixante-douze.

(2) La question de la peine de mort s'agite depuis
long-temps : espérons que le jury la résoudra. M. Salvador vient de publier l'*Histoire des institutions de
Moïse et du peuple hébreu*, et venge noblement cette
nation tant calomniée. Chez les Juifs, on trouve ces

de la postérité le souvenir de l'Aréopage.

En cas de partage, un héraut déposait

dans l'urne le suffrage de Minerve ; est-il

maximes : « Un tribunal qui condamne à mort une fois en sept ans peut être appelé sanguinaire. » — « Il mérite cette qualification, dit le docteur Éliézer, quand il prononce une pareille sentence une fois dans soixante-dix ans. » — « Si nous eussions été membres de la haute Cour, ajoutent les docteurs Tyrphon et Akiba, nous n'eussions jamais condamné un homme à mort. » — Siméon, fils de Gamaliel, leur objecta : « Ne serait-ce pas un abus ? N'auriez-vous pas craint de multiplier les crimes en Israël ? » — Non sans doute, dit M. Salvador, loin d'en affaiblir le nombre, la rigueur de cette peine les accroît en donnant un caractère plus résolu aux hommes capables de la braver ; et que de bons esprits se rangent aujourd'hui de l'avis d'Akiba et de Tyrphon ! Que de consciences se refusent à participer, de quelque manière que ce soit, à la mort d'un homme ! Ce sang qui coule, cette multitude agitée par une curiosité indécente, cette victime qu'on traîne comme en triomphe sur l'autel le plus horrible, l'impossibilité de réparer une erreur dont n'est jamais exempte la sagesse humaine, l'effroi de voir un jour une ombre douloureuse s'élever de la terre, et dire : *J'étais innocent !* la facilité qu'ont les peuples modernes de rejeter hors de leur sein l'homme qui l'a souillé, l'influence des ini-

besoin de dire que ce suffrage déterminait l'acquittement ?

Le tribunal des héliastes, composé de cinq cent un dicastes, n'admettait point de partage, et rendait ses décisions à la majorité des suffrages. Les héliastes siégeaient en plein air, et recevaient leur nom du Soleil (Ηλιος). Ils prononçaient

---

quités générales sur la production des crimes ; enfin, le contraste absurde d'une société tout entière, forte, intelligente, armée, qui, pour s'opposer à un malheureux entraîné par le besoin, par les passions, ou par l'ignorance, ne trouve d'autre moyen que de le surpasser en cruauté ; toutes ces choses, et *beaucoup d'autres encore*, ont déjà si profondément pénétré dans tous les rangs, qu'il en sortira quelque jour *le plus admirable exemple de la puissance des mœurs sur les lois ; car la loi sera changée par cela même qu'on ne rencontrera plus personne qui consente à l'appliquer.* » (*Voy.* un article de M. Dupin, dans la *Cazette des Tribunaax,* du 19 novembre 1828, et ses *Observations sur la législation criminelle. Voy,* aussi, sur la peine de mort, les réflexions de M. de Broglie, dans la *Revue Française,* les ouvrages de Bentham et l'ouvrage deux fois couronné, à Genève et à Paris, de M. Charles Lucas.)

un serment solennel, d'où leur venait le nom *d'omomocotes* ou *jurés*, et jugeaient *le fait* et *le droit,* c'est-à-dire toute la cause (1).

Leur nombre s'élevait quelquefois à mille, à quinze cents, à deux mille.

Il y avait un assez grand nombre de tribunaux ou dicastères.

Tout citoyen âgé de trente ans, hors le cas d'une exception légale, était appelé aux fonctions de dicaste.

Les habitans des bourgs de l'Attique faisaient eux-mêmes ou abandonnaient au sort le choix de leurs arbitres.

----

(1) Cependant ils étaient rassemblés sous la présidence d'un magistrat, ordinairement d'un des six archontes thesmothètes, c'est-à-dire gardiens des lois, et ce magistrat *appliquait* loi.

§ X.

Du Jury romain.

Les Romains, au nombre de leurs institutions judiciaires, en établirent une
éminemment remarquable, celle des *selecti
judices*, juges choisis, ou *jurati,* jurés.

Ces juges ou jurés appartinrent d'abord,
exclusivement, à l'ordre des sénateurs, ensuite, exclusivement encore, à l'ordre des
chevaliers; plus tard, par moitié, à ces
deux ordres, et enfin, par portions inéga-
les, aux trois ordres des sénateurs, des
chevaliers et des plébéiens. Leur nombre
varia successivement, et fut de quatre
cent cinquante, de six cents, et de onze

(59)

cent vingt-cinq. Leur âge était trente ans
au moins, soixante ans au plus (1).

Chaque année, le préteur, gouverneur,
ou préfet de la ville ou de la province,
renouvelait la liste générale qui les comprenait tous ; et jurait qu'il l'avait formée
avec bonne foi.

Suivant l'esprit de la république, chaque
citoyen pouvait en accuser un autre.

Le préteur était chargé d'admettre ou
de rejeter les accusations.

L'accusateur présentait au préteur l'acte
d'accusation, ordinairement rédigé par un
jurisconsulte.

Lorsque le préteur avait admis une ac-

___

(1) Sur tous ces points, la législation romaine varia :
aussi les auteurs ne sont pas d'accord. Peu importe,
nous ne cherchons ici que les droits des jurés.

cusation, les *juges* qui devaient juger la cause étaient *choisis* ainsi qu'il suit :

Le préteur siégeait sur son tribunal; l'accusateur et l'accusé étaient présens; une urne renfermait les noms de tous les juges inscrits sur la liste annuelle; on tirait au sort le nombre des membres qui devaient composer le tribunal; l'accusateur et l'accusé récusaient ceux qu'ils suspectaient de partialité; on recourait à un nouveau tirage pour les remplacer. De cette manière se formait ce tribunal de citoyens, avec raison appelés *selecti judices, juges choisis.*

Au jour marqué pour le jugement, les *juges choisis,* avant de commencer leurs fonctions, *juraient* de les remplir fidèlement : ce serment leur faisait donner le nom de *jurati,* jurés.

(61)

Le préteur présidait.

L'acte d'accusation désignant l'accusé, le fait et la loi, était soumis aux jurés.

Les jurés jugeaient souverainement *le fait* et *le droit* : ne le voit-on pas dans ces formules consacrées, *absolvo*, j'absous, *condemno*, je condamne.

Le préteur prononçait l'acquittement, ou *appliquait la loi.*

Montesquieu dit : « A Rome, les juges (*choisis, les jurés*) prononçaient que l'accusé était coupable d'un certain *crime*, et la peine se trouvait dans la loi (1). »

Voyons encore cette analyse de M. Bourguignon :

« A Rome, on ne proposait *aux juges de fait* qu'une seule question : *L'accusé est-il*

---

(1) *Esprit des Lois*, liv. vi, chap. 3.

coupable ? Cette question comprenait non-
seulement *le fait matériel*, la MORALITÉ *du
fait* ou le CARACTÈRE DU DÉLIT, mais encore
la culpabilité de l'accusé. Le préteur qui
présidait le tribunal adressait aux juges de
fait une instruction sur les difficultés qui sup-
posaient quelque connaissance du droit;
il se faisait assister, à cet effet, de plusieurs
jurisconsultes, de qui il prenait conseil,
quand il le jugeait à propos. Chacun des
juges de fait répondait ensuite à la question, en jetant dans une urne la lettre ini-
tiale qui exprimait son jugement. Le préteur dépouillait ces bulletins, et appliquait
la loi pénale au délit qui se trouvait déclaré constant par le résultat du scru-
tin (1).»

____

(1) *Voyez* les ouvrages de M. Bourguignon, cités dans
la note de la page 33.

M. Bourguignon, qui a attaché si noblement son nom à l'institution du jury, appelle les jurés, *juges de fait;* mais il ne se
laisse pas aveugler par cette dénomination, et il prouve dans plusieurs ouvrages
que les jurés ont toujours jugé *le fait et le
droit.*

Eh! la liberté romaine eût-elle souffert
que les jurés eussent été liés par l'opinion
du préteur? Non, sans doute, *ni sur le fait,
ni sur le droit.* Quelquefois, en cas de condamnation, lorsque l'accusé courait le danger de perdre la qualité de citoyen romain,
le peuple appelait du jugement de ses jurés eux-mêmes au peuple. Chaque citoyen
prononçait à son tour : *absolvo,* j'absous,
ou, *condemno,* je condamne.

Qu'on se reporte aux beaux temps de
la république, et l'on dira : Alors le pré-

teur n'eût pas osé attenter aux droits du jury ; le jury ne l'eût pas permis, le peuple ne l'eût pas voulu (1).

Les Romains conservèrent leur liberté tant qu'ils n'eurent d'autres *juges* que ceux *qu'ils choisissaient* eux-mêmes, et le titre de *citoyen romain* fut au-dessus de celui de *roi,* jusqu'à ce que les tyrans n'eussent laissé au grand peuple, que la gloire de l'obéissance (2).

Je voudrais terminer ici ce qui concerne le jury romain, mais un devoir rigoureux m'en empêche.

____

(1) C'eût été vraiment singulier de voir le préteur dire aux jurés : « Vous ne connaissez pas la loi ; vous ne *devez pas* connaître la loi..... donc, vous ne pouvez pas juger *le droit.* » Les réflexions se pressent en foule... A la vérité, nous ne sommes plus dans un temps où l'on croyait assez de bon sens, *même au peuple,* pour faire la loi.

(2) *Obsequii gloria relicta est.* Tacite.

M. Boyard, conseiller à la Cour royale de Nancy, dans son ouvrage *des Droits et des devoirs de la magistrature française et du jury,* examine la question de savoir si les jurés sont juges seulement *du point de fait,* ou tout à la fois *du point de fait et du point de droit.* Au livre v, dans le chap. 5, intitulé : *Position des questions,* page 405, ce magistrat émet le vœu que la position des questions ne laissât jamais au jury « *la faculté de juger* AUCUN *point de droit, faculté dont il n'use pas sans commettre un abus* (1). » Ainsi M. Boyard est au nombre de ceux qui prétendent que le jury est *juge* seulement *du fait.* A-t-il donné quelques raisons importantes à l'appui de son

______

(1) Expressions de M. Boyard.

5

opinion? Non, évidemment non. Bien plus, il faut le dire, dans les autorités qu'il a citées, il n'a commis que des erreurs. Ces erreurs sont fatales, surtout lorsqu'elles viennent d'un magistrat indépendant, d'un écrivain distingué, d'un ami de nos libertés constitutionnelles.

M. Boyard pense, comme nous l'avons vu, que le jury est *juge* seulement *du fait*, et il dit que «*cela se pratiquait à* Rome et *chez les nations du moyen âge* (1). » Voyez le livre III, chapitre 1, page 130. Puis il ajoute :

«Cette distinction *du point de fait* et *du point de droit* n'est pas une subtilité, comme on pourrait le croire, et nous allons le démontrer en peu de mots.

(1) Expressions de M. Boyard.

» Il y avait à Rome deux sortes de juges ; les uns étaient, comme nos jurés, chargés de vérifier *l'existence des faits constitutifs d'un crime, et de déclarer quel en était l'auteur* ; les autres appliquaient la loi d'après la formule prescrite pour le genre d'action (1).

» Les premiers juges, qui s'appelaient *judices selecti,* étaient élus par le peuple, comme tous les autres magistrats ; et la liste générale, qu'on appelait *album judicum,* était composée d'abord de trois cents citoyens, puis de quatre cent cinquante, et enfin, de cinq cent vingt-cinq ; ces nombres ont souvent varié ; mais les attri-

---

(1) Dans tout ce récit, je l'avouerai, l'auteur ne me paraît point conséquent avec lui-même. Cependant, la question qu'il traite est si grave, qu'elle méritait toute son attention. C.

butions de ces juges, qui *assistaient le pré-teur et ses assesseurs*, consistèrent toujours à constater, sous la foi du serment, *la vé-rité des faits du procès.*

» Lorsque l'instruction était terminée, que l'accusateur et l'accusé avaient été entendus, le préteur faisait distribuer aux juges des tablettes marquées, l'une de la lettre A, l'autre de la lettre C, et une troisième, des lettres N L.

» La première signifiait *j'absous*, la seconde, *je condamne*, et la troisième, *le fait n'est pas clair*. Ces tablettes étaient déposées dans une urne. Après la délibération des juges, le préteur l'ouvrait, et lorsque les tablettes marquées A étaient en majorité, l'accusé *était absous*; si les tablettes C dominaient, *il était condamné*; et si les tablettes N L étaient en plus grand nombre, le tribunal ordonnait qu'il en serait plus amplement informé; s'il y avait égalité de voix pour et contre l'accusé, ce partage emportait l'absolution.

» Ainsi les Romains, qui, en matière de législation, ont été les précepteurs du monde, n'exigeaient que la *simple majorité* (1) pour condamner, et possédaient *des juges du point de fait*, qui pourraient bien, comme le prétendent certains écrivains, avoir servi de modèle aux jurés de France, d'Angleterre et d'Amérique.

» Si nous adoptons, comme le plus

____

(1) S'il s'agissait ici de cette question, on pourrait répondre à M. Boyard : « Les Grecs et les Romains exigeaient une voix de plus pour condamner. Nos lois françaises en demandent deux. Les Grecs prétendaient que leur usage avait été établi par les dieux : mais c'est le nôtre. » (Montesquieu, *Esprit des Lois*, liv. xii, chapitre 3.)   C.

grand nombre des auteurs, que le jury nous vient des peuples du Nord, nous trouverons partout les jurés institués *ad inquisitiones faciendas, et rei veritatem dicendam.*

» *Si nous ouvrons ensuite les lois de l'Assemblée constituante, et toutes celles qui se sont succédé, jusqu'au Code de* 1808, nous verrons également que *l'esprit et la lettre de ces lois* ont toujours été de donner aux jurés la décision du *point de fait* et jamais celle *du point de droit.*

» *Les rédacteurs du Code d'instruction criminelle* ont été guidés par le même principe, si l'on en juge par l'exposé des motifs de ce Code ; mais, *par une inconséquence remarquable et funeste, ils ont voulu que la question de fait comprît en quelque sorte la question de droit,* d'après l'exemple proposé par l'article 337 ; et c'est probablement de là que viennent toutes les discussions qui tendent à faire confondre *le fait* et *le droit* (1), et qui assurent trop souvent l'impunité des coupables. »

---

(1) « Quelques magistrats, encore imbus des attributions de l'ancienne magistrature, blâment constamment l'institution du jury, *qu'ils devraient regarder comme un bouclier qui les met à l'abri des atteintes de tous les partis.* Les jurés sont pour les magistrats ce que les constitutions sont pour les rois ; ils leur laissent toute faculté de faire le bien, *et les déchargent de toute la responsabilité qui pourrait résulter des actes les plus délicats.* Qu'un homme soit condamné dans un moment de troubles, *c'est le jury qui a prononcé ;* on se tait : si c'eût été la magistrature, on l'accuserait avec ardeur. » (Note de M. Boyard.)

Vous voulez que *toute la responsabilité* pèse sur les jurés, et vous ne voulez pas qu'ils jugent tout ce qui est en question ! Que les jurés fassent attention à cette note de M. Boyard, et au passage suivant, extrait d'un auteur anglais :

« Le juge excuse sa participation à la condamnation sur la déclaration même du jury. C'est, dit-il, un jugement sévère ; mais le coupable a été convaincu par la déclaration de douze de ses égaux, et s'ils l'ont injus-

Reprenons en peu de mots ce récit. Le magistrat écrivain invoque le grand nom de Rome. Persuadé que les jurés sont *juges* seulement *du fait,* il nous assure que «*cela se pratiquait à Rome*»; pour moi, je conçois à peine comment le récit qu'il a fait lui-même ne lui a pas prouvé le contraire. Qu'il ait méconnu le grand caractère de la liberté romaine, au point de dire que les jurés romains « *assistaient le préteur et ses assesseurs* », cela ne m'étonne pas; mais

---

tement condamné, que son sang retombe sur eux; je n'ai pas d'autre règle de conduite que le verdict du jury...., etc., etc. Tels sont, continue l'auteur anglais, les raisonnemens des juges et même du pouvoir exécutif, lorsque les accusés ont recours en grâce auprès de lui; et, s'ils sont attentivement examinés, ils ne peuvent manquer de prouver aux jurés qu'ils ne doivent penser et agir que par eux-mêmes, et n'écouter que leurs propres sentimens et leur conviction. » (Richard Phillips, chap. ix du *Verdict.*)   G.

qu'il n'ait point ouvert les yeux lorsqu'il a lu et qu'il a écrit que les jurés romains prononçaient ou donnaient leur sentence en ces mots : *absolvo*, j'absous, *condemno*, je condamne, voilà ce qui me paraîtrait inexplicable, sans la forte prévention que le caractère de magistrat a pu donner à cet auteur.

D'autres écrivains, au contraire, pensent avec M. Boyard, que les jurés ne sont *juges* que *du fait*, repoussent l'assimilation que fait M. Boyard entre les jurés actuels et les *juges choisis* (selecti judices), ou *jurés* (jurati) romains. Ils sont loin de croire, comme M. Boyard, que les *juges choisis*, ou *jurés* de Rome, n'étaient *juges* que *du fait*. Ils reconnaissent ce qui n'a été contesté, je crois, que par M. Boyard, que les *juges choisis*, ou *jurés* de Rome, prononçaient sur *le fait* et sur *le droit*. Aussi se gardent-ils d'invoquer l'exemple du jury romain à l'appui de cette opinion : que les jurés ne sont *juges* que *du fait*. Mais, accablés de l'autorité d'un tel exemple, en faveur de cette autre opinion : que *les jurés sont juges du fait et du droit*, ils cherchent à l'affaiblir par d'autres considérations (1).

Nous avons vu M. Boyard soutenir qu'à Rome les *juges choisis n'étaient juges* que *du fait;* écoutons M. Rey : « Les *juges choisis* (selecti judices) des Romains étaient, *ainsi que les dicastes d'Athènes,* les VÉRITABLES JUGES EXCLUSIFS ; ils prononçaient, TANT SUR LE FAIT QUE SUR LE DROIT ; et l'office du préteur, devant *cette*

____

(1) Ils prétendent que les jurés romains n'étaient pas des jurés, parce qu'ils jugeaient le *fait* et *le droit*.

espèce PARTICULIÈRE DE TRIBUNAL, se bornait à tirer au sort les juges, à conduire les débats et à prononcer ensuite le jugement, pour lequel il n'avait pas voix délibérative (1). »

Et lisez le récit de M. Boyard lui-même ! L'office du préteur était-il autre chose (2) ?

Reconnaissons-le donc, avec tous les écrivains que nous avons cités, autres que M. Boyard, reconnaissons-le avec l'histoire, la liberté romaine voulut que les jurés prononçassent *sur le fait et sur le droit*, et que le préteur appliquât seulement la loi.

Quelques aperçus que nous donnerons

---

(1) *Des Institutions judiciaires de l'Angleterre, comparées avec celles de la France.*

(1) Nous invoquerons plus tard l'autorité de M. de Pastoret.

sur « les nations du moyen-âge » prouve-
ront aussi qu'à leur égard M. Boyard se
trompe également. Mais pourquoi cet
écrivain n'a-t-il point parlé de la législation anglaise, et de la législation des États-
Unis d'Amérique ? Nous en parlerons, nous ;
et nous démontrerons que chez les deux
grands peuples qui, avec la France, sont
les plus libres du monde, et possèdent la
salutaire institution du jury, les jurés sont
juges du fait et *du droit*.

M. Boyard dit encore que « *si nous ouvrons..... les lois de l'Assemblée constituante..... nous verrons que l'*ESPRIT *et la*
LETTRE *de ces lois ont été de donner aux
jurés la décision du point de fait* , et non
celle *du point de droit.* » Nous examinerons
l'ESPRIT et la LETTRE de ces lois , et nous
verrons que M. Boyard a méconnu l'As-

semblée constituante ainsi qu'il a méconnu Rome.

A travers les lois intermédiaires, nous arriverons enfin au Code de 1808, et nous nous souviendrons que M. Boyard lui-même avoue que « *les rédacteurs du Code d'instruction criminelle..., par une inconséquence*, dit-il, *remarquable et funeste*, ONT VOULU *que la question de fait comprît, en quelque sorte* (ajoute-t-il), *la question de droit, d'après l'article 337... ;* » nous verrons que l'esprit du despotisme lui-même, dans la confection du Code d'instruction criminelle, céda à la force de la nature de l'institution du jury.

§ XI.

Du Jury chez les Germains, les Francs, etc.

Les Germains créèrent successivement plusieurs institutions, destinées à la répression des délits et des crimes.

La *composition* était une indemnité que l'accusé, après avoir été jugé coupable, payait à l'offensé ou à sa famille.

Dans le principe, le peuple jugea les accusés et appliqua les compositions.

Ensuite, le peuple nomma des chefs pour rendre la justice, et adjoignit cent citoyens à chacun de ces chefs.

Chaque chef devait avoir dans chaque

affaire douze jurés; les jurés devaient être agréés par les parties. Le chef présidait; les jurés jugeaient la cause; lorsqu'ils déclaraient l'accusé non coupable, le chef prononçait l'acquittement; lorsque les jurés déclaraient l'accusé coupable, ils déterminaient eux-mêmes le prix de la composition (1).

Le chef n'avait qu'à recueillir les voix et à prononcer la sentence.

Tel est l'exemple que nous retrouvons

---

(1) Ce ne fut que long-temps après la conquête, que les lois tarifèrent la composition. « Toutes ces lois barbares, dit Montesquieu, ont là-dessus une précision admirable; on y distingue avec finesse les cas, on y pèse les circonstances; la loi se met à la place de celui qui est offensé, et demande pour lui la satisfaction que, dans un moment de sang-froid, il aurait demandé lui-même. » *Esprit des Lois*, liv. xxx, chap. 19.

dans l'histoire de nos pères, si jaloux de leur liberté (1).

---

(1) Le *plége* ou *pleige* était une espèce de caution, de solidarité ou de responsabilité, établie entre tous les habitans d'un même bourg ou d'une même cité.

Tout accusé avait la faculté de purger son accusation, en attestant son innocence par son serment, et en la faisant attester par le serment de plusieurs hommes libres, qui se nommaient *conjurateurs* ou *compurgateurs*, et dont le nombre fut très-variable (*a*). Dans le cas où ces preuves paraissaient suffisantes, l'accusé était renvoyé.

Si le coupable demeurait inconnu, le plaignant accusait sept habitans du même lieu, et chacun d'eux devait purger l'accusation avec un certain nombre de *conjurateurs* ou *compurgateurs*.

Les *petits plaids* étaient des assemblées judiciaires, *présidées* par le comte, qui avait seulement voix *consultative;* elles étaient composées de tous les hommes libres du comté, qui, tous, avaient voix *délibérative.*

Les *grands plaids* avaient pour président le roi, et pour membres, tous les citoyens de la nation (*b*).

(*a*) Voyez M. Meyer, *Esprit, origine et progrès des institutions judiciaires.*

(*b*) C'était dans les *grands plaids* que se jugaient les *crimes publics*. « Il paraît, par Tacite, que les Germains ne connaissaient que deux crimes capitaux; ils pendaient les traîtres et noyaient les

Les Francs, sortis de la Germanie, apportèrent dans la Gaule quelques-unes des institutions de leur mère-patrie. Je retrouve dans les arimans, échevins ou rachimbourgs, l'image de celle dont j'ai déjà parlé, et qui, chez les Germains, m'a représenté le véritable jury. Peu à peu, ces institutions s'altérèrent (1).

« (1) C'était un principe fondamental de la monarchie, que ceux qui étaient sous la puissance militaire de quelqu'un, étaient aussi sous la juridiction civile. Mais qui que ce fût qui eût la juridiction, le roi, le comte, le graffion, le centenier, les seigneurs, les ecclésiastiques, ils ne jugèrent jamais seuls ; et cet usage, *qui tirait son origine des forêts de la Germanie*, se maintint encore lorsque les fiefs prirent une forme nouvelle.... »

« On croira peut-être que le gouvernement des Francs poltrons : c'étaient chez eux les seuls crimes qui fussent publics. (Montesquieu, *Esprit des Lois*, liv. xxx, chap. 19). »

Les crimes privés, même l'homicide, se réparaient moyennant une composition, c'est-à-dire une indemnité en troupeaux. « Luitur enim etiam homicidium certo armentorum ac pecorum numero, recipitque satisfactionem universa domus. (Tacite, *de Mor. Germ.*) »

Les rois et les seigneurs dépouillèrent successivement les peuples de tous leurs droits,

---

était alors bien dur, puisque les mêmes officiers avaient en même temps sur les sujets la puissance civile... »

« Mais il ne faut pas penser que les comtes jugeassent seuls (a) et rendissent la justice, comme les bachas la rendent en Turquie ; ils assemblaient, pour juger les affaires, des espèces de plaids ou d'assises, où les notables étaient convoqués. Pour qu'on puisse bien entendre ce qui concerne les jugemens, dans les formules, les lois des barbares, et les capitulaires, je dirai que les fonctions de comte, du graffion et du centenier, étaient les mêmes ; que les juges, les rachimbourgs et les échevins étaient sous différens noms les mêmes personnes ; c'étaient les adjoints du comte, et ordinairement il en avait sept ; comme il ne lui fallait pas moins de douze (b) personnes pour juger, il remplissait le nombre par des notables (c). » (Montesquieu, *Esprit des Lois*, liv. xxx, chap. 18.)

(a) Voyez *Grégoire de Tours*, liv. v.

(b) *Voyez* sur tout ceci les Capitulaires de Louis-le-Débonnaire, ajoutés à la loi salique, art. 2, et la formule des jugemens, donnés par Ducange, au mot *boni homines*.

(c) *Per bonos homines*, quelquefois il n'y avait que des notables. *Voyez* l'Appendice aux formules de Marculfe, chapitre 11.

et le souvenir de leurs crimes ainsi que le nom et l'image du jury se conservèrent toujours dans la Cour des pairs, dont ils avaient fait un privilége.

Ainsi que les Francs, toutes les nations sorties de la Germanie ont joui du jugement *par jurés ou par pairs.*

Chez combien de peuples ce besoin de la justice ainsi rendue ne s'est-il pas manifesté ! Je dois rapporter ici ces paroles précieuses d'un très-ancien auteur anglais, Bracton : « La curie et les pairs, dit-il, étaient les juges nécessaires de toutes les causes dans lesquelles il s'agissait de la vie, de la perte d'un membre, de la punition d'un crime ou d'une exhérédation. En pareil cas, *le roi ne pouvait décider*, car alors il eût été juge et partie,

ni les juges non plus, car ils le représen-
taient (1).»

§ XII.

Du Jury en Angleterre.

« Remerciez le ciel, ô Anglais, de ce que
le privilége d'être jugés par jurés est pour
vous un droit de naissance. Priez-le de le
transmettre intact à vos descendans. Jurez
par vos foyers et par vos autels de verser
jusqu'à la dernière goutte de votre sang
pour sa défense. Considérez comme liber-
ticide toute tentative qui serait faite pour
porter atteinte à l'indépendance et à la

-----

(1) *Voy.* Discours d'Erskine, prononcé à la Cour du
banc du roi, dans la cause du doyen de Saint-Asaph.

pureté de cette institution. Condamnez comme traîtres tous ceux qui, sans l'intervention de jurys, rendraient des sentences sur vos vies, sur vos libertés, sur vos propriétés. Traitez comme sacrilége toute innovation, toute tentative, qui tendrait à influer sur leurs *verdicts.*

» Soyez sans cesse jaloux des usurpations faites sur leur autorité. Ne souffrez point d'en être dispensés dans aucun cas et sous aucuns prétextes, quelque plausibles qu'ils puissent être. Faites votre devoir de jurés avec probité et avec zèle toutes les fois que vous serez appelés; et ne souffrez jamais que dans vos personnes, le jury perde un *iota* de sa dignité ou de son pouvoir (1).»

---

(1) Richard Phillips, *des Pouvoirs et des Obligations des Jurys*, trad. par M. Ch. Comte.

C'est ainsi qu'un auteur anglais s'adresse à ses concitoyens.

L'Angleterre (je ne parle ni du pays de Galles, ni de l'Écosse, ni de l'Irlande) est partagée, pour l'administration de la justice, en six grandes divisions territoriales, appelées *circuits*.

Il y a deux juges par *circuit*; l'un préside le jury dans les affaires criminelles; l'autre préside le jury dans les affaires civiles; lorsque l'un d'eux manque d'occupation, ils se réunissent.

Ainsi douze juges suffisent à l'Angleterre.

Ces douze juges résident à Londres, et se rendent, deux fois par année, dans *les circuits*.

Je ne dois parler ici que des assises où sont portées les affaires criminelles.

A l'ouverture des assises, on fait prêter au président du grand jury le serment suivant :

« Vous rechercherez avec soin tous les articles, toutes les matières, toutes les choses qui vous seront présentées à charge, ou qui seraient venus à votre connaissance de toute autre manière, touchant votre service actuel. Vous garderez le secret du roi, le vôtre et celui de vos collègues. Vous ne mettrez aucun homme en accusation par haine ou par malice ; vous ne renverrez personne d'accusation par crainte ou par faveur, pour aucune récompense ou promesse. Mais dans toutes vos déclarations vous présenterez la vérité, toute la vérité et rien que la vérité dans toute la sincérité de votre conscience. Qu'ainsi Dieu vous soit en aide ! »

Lorsque le président du grand jury a prêté ce serment, on s'adresse ainsi aux autres membres :

« Le même serment que votre *foreman* a prêté, vous devez le prêter et l'observer vous-même. Qu'ainsi Dieu vous soit en aide ! »

Les grands jurés se retirent dans leur chambre ; ils sont ordinairement au nombre de vingt-trois ; ils peuvent cependant procéder à l'examen de l'affaire quoique tous les membres ne soient pas présens ; mais douze au moins doivent lever la main pour la mise en accusation.

« Le grand jury, dit Richard Phillips, doit soutenir sa propre dignité et la dignité de la loi, en rejetant tout bill qui n'est appuyé que sur des charges frivoles, ridicules ou méprisables, et il doit prendre garde

(89)

de ne pas se rendre l'instrument de quelque malveillance particulière. Il doit avoir
continuellement dans l'esprit que toute
plainte est portée sur la poursuite du roi,
pour délit contre la paix ou la sécurité publique.

» Ce pouvoir immense et indépendant
qui appartient au grand jury, constitue un
des plus beaux priviléges de la nation anglaise et le boulevard le plus fort de ses
libertés (1). »

Ainsi le sort du prévenu dépend d'a-
bord entièrement du grand jury. « Le
grand jury seul peut le mettre en accusation ; il peut également le décharger à son
gré de toutes poursuites, en rejetant une
plainte que soutiendraient même les té-

____

(1) Chap. III, des Grands Jurys.

moignages de toutes vos seigneuries », disait l'éloquent défenseur des droits des
jurés, le célèbre Erskine, parlant devant
les juges de la Cour du banc du roi (1).

« Plût à Dieu que tous les grands jurés
sentissent convenablement l'importance
de cette tâche sociale, qu'ils fussent moins
pressés de terminer leurs travaux, qu'ils
fussent plus sensibles aux conséquences
pernicieuses que produisent des actes d'accusation, dont les allégations ne sont pas
plus fondées dans l'esprit et dans la lettre
que dans le fait ! *Ils sont compétens pour
prononcer, pleinement et en dernier ressort,
toutes les charges qui sont portées devant
eux ; ils ne sont placés sous aucune influence, si ce n'est celle de leur serment, et*

____

(1) *Voy.* Discours d'Erskine.

celle des sentimens honnêtes qu'ils ont ap-
portés du sein de leur famille (1). »

Lorsque douze membres du grand jury ont été d'avis de la mise en accusation, ils rentrent dans la salle et remettent au juge leur *true bill* (vrai bill).

Ils retournent ensuite dans leur chambre, et procèdent ainsi successivement à l'examen de tous les *indictments* (2).

A mesure que le grand jury, ou jury d'accusation, vient apporter ses *true bills,* les accusés sont jugés par le petit jury ou jury de jugement.

---

(1) Richard Phillips, chap. 1, *Observations prélimi-naires.*

(2) Leurs opérations sont ordinairement terminées dans les trois ou quatre premiers jours de la session. C'est alors qu'ils s'occupent de la visite des prisons et des remontrances qu'ils peuvent avoir à faire au gouverne-ment, etc. Voy. M. Cottu, *De l'Administration de la justice criminelle en Angleterre.*

«C'est un spectacle véritablement admirable, s'écrie M. Cottu, que celui de ces deux jurys, opérant, chacun séparément et dans le même moment, l'un, sur les accusations présentées, et l'autre, sur les accusations admises. Quelle économie de temps et de fatigue pour les témoins, qui n'ont besoin d'être déplacés qu'une seule fois, qui sortant de la chambre du grand jury viennent déposer sur-le-champ devant le petit jury, et se trouvent en un seul jour quittes envers la société, de toutes les obligations que leur impose la connaissance que le hasard leur a donnée des faits du procès ! Combien aussi le grand jury trouve-t-il des motifs de décision plus satisfaisans dans cette déposition vivante des témoins, que nos juges ne peuvent le faire dans les témoignages écrits, sur les-

(93)

quels seuls il leur est permis de fonder la
leur ! *Quel touchant dévoûment, enfin, que
celui d'une nation qui ne souffre aucun agent
du gouvernement entre elle et le prévenu ; qui
prend elle-même la peine de statuer sur toutes
les parties de la poursuite, qui se charge de
l'instruction, de la mise en accusation et de
la conviction de l'accusé, et qui ne laisse
aux délégués du prince d'autres soins que
de la diriger dans tous ces différens actes de
la procédure, et de prononcer sur le coupable la peine de la loi (1) !*»

Lorsque l'accusé paraît à la barre, on
l'avertit qu'il doit exercer ses récusations
avant le serment des jurés.

---

(1) Voy. *De l'Administration de la justice criminelle en
Angleterre.*

La poursuite se fait *au nom du roi* ; mais tout citoyen
peut intenter une action criminelle.   C.

Le petit jury, ou jury de jugement, doit être composé de douze jurés non récusés ; on leur fait prêter le serment suivant :

« Vous prononcerez bien et sincèrement, vous ferez une déclaration véritable entre notre souverain seigneur, le roi et le prisonnier à la barre , qui est mis à votre charge, et vous rendrez un *verdict* conformément à l'évidence (la preuve). Qu'ainsi Dieu vous soit en aide (1). »

Ensuite, le greffier dit au prisonnier: « Levez la main » ; puis aux jurés :

« Vous qui êtes du jury, regardez le prisonnier, et faites attention à son pro-

---

(1) You shall well and truly try, and true deliverance make between our sovereign lord the king and teh prisoner at the bar, whom you shall have in charge and a true verdict give according to the evidence. So help you god.

cès. Il est accusé d'avoir commis, etc. (Il lit l'indictment.) Sur cet indictment, il lui a été demandé s'il était coupable ou non coupable ; il a répondu : non coupable ; et, sur la vérité de ce fait, il s'en est rapporté au jugement de Dieu et de son pays ; or, c'est vous qui êtes son pays. Votre devoir est donc de rechercher s'il est coupable du crime dont il est accusé, ou s'il n'en est pas coupable (1). »

Après les débats, le juge fait un résumé simple et succinct de l'affaire ; il émet son

---

(1) You of the jury look upon the prisoner, and hearken to his cause. He stands indicted, etc. (reading all the indictment). Upon this indictment, he has lately been arraigned, and thereunto has pleaded not guilty ; and for his trial has put himself upon God and the country, wich country you are. You charge is to inquire wother he be guilty of this, etc., as he stands indicted or not guilty.

opinion *sur le point de droit*, mais *cette opinion du juge* n'est point comptée *dans la délibération des jurés.*

Enfin les jurés délibèrent, *et ils jugent souverainement le point de fait et le point de droit*, lorsqu'ils rendent un *verdict général,* ainsi conçu : *coupable,* ou, *non coupable.*

C'est ici qu'il va paraître évident que lorsqu'on appelle les jurés, *les juges de fait,* il faut entendre, *les juges d'un fait criminel et qualifié* CRIME PAR LA LOI. Le mot *fait,* je ne saurais trop le répéter, doit être considéré dans son rapport avec la loi et comme synonyme de *crime.*

« A Rome, les juges prononçaient que l'accusé était coupable d'un certain *crime ;* et la peine se trouvait dans la loi, comme on le voit dans les diverses lois qui furent faites. *De même,* en Angleterre, les jurés décident si l'accusé est coupable ou non du *fait* qui a été porté devant eux; et s'il est déclaré coupable, le juge prononce la peine que la loi inflige pour ce *fait;* et pour cela il ne lui faut que des yeux (1). »

« En Angleterre, on a adopté une méthode très-analogue à celle des Romains; le délit se trouvant caractérisé dans l'acte d'accusation, on ne propose également qu'une seule question au jury de jugement: *l'accusé est-il coupable?* Et l'on ne peut pas douter que cette question ne comprenne aussi *le fait, le caractère du délit et la culpabilité de l'accusé,* puisqu'elle est unique. L'un des magistrats fait le résumé des débats, fixe l'état de la question, *et émet son opinion sur le point de droit seule-*

____

(1) Montesquieu, *Esprit des Lois,* liv. VI, chap. 3.

7

ment, opinion qui ne sert qu'à éclairer le jury et qui n'est pas comptée lors du juge-ment. Le jury répond communément en employant l'une des deux formules, coupable, ou, non coupable, c'est ce qu'on appelle un *verdict général* (1).»

Ce n'est point qu'en Angleterre la magistrature n'ait tenté d'usurper aussi les droits du jury, *surtout dans les procès de libelle, de sédition ou de trahison.*

«L'organisation de notre ordre judiciaire, dit un écrivain anglais, prouve une grande sagesse dans ceux qui en furent les auteurs, et en se reportant aux principes de l'institution, ou au moyen de l'intervention de la puissance législative, on

---

(1) M. Bourguignon, *voy.* les ouvrages déjà cités.

en a assez bien conservé l'esprit jusqu'à ce jour. On peut supposer cependant que la rivalité entre les délégués du roi et les jurés populaires appelés à prononcer dans chaque cause, était une source de contestations dans la pratique de ces cours. Dans ces débats, les juges étant des officiers permanens, devaient, par cette raison, et par leur éducation et leurs habitudes, avoir de grands avantages sur les jurés; et L'AUTORITÉ DES DERNIERS *devait, par conséquent, succomber* SOUS L'INFLUENCE DES PREMIERS.

» RIEN DONC, SI CE N'EST LA SAGESSE ÉVIDENTE DE L'ORGANISATION, LA JALOUSIE CONSTANTE DU PEUPLE SUR CE SUJET, ET LE PATRIOTISME QUI SE RENCONTRE CHEZ QUELQUES JURÉS OU CHEZ QUELQUES MAGISTRATS, N'A PU CONSERVER PARMI NOUS CETTE SÉCURITÉ QUI SE FONDE SUR LES LOIS ET CETTE INDÉPENDANCE DE

CARACTÈRE QUI NOUS DONNE UNE JUSTE CON-
FIANCE DANS LES JUGEMENS PAR JURY.

»Les usurpations de leurs droits, de
leurs priviléges et de leur autorité, de la
part des légistes, doivent donc faire un
devoir aux jurés de n'être indifférens sur
rien. Leur attention et leur défiance doivent se montrer d'une manière salutaire et
efficace dans les affaires entre la couronne
et les sujets, surtout dans *les accusations
de libelle, de sédition ou de trahison.* Dans
des occasions semblables, toute l'influence
de la couronne, toutes les chicanes des
soutiens de la prérogative, tous les sophis-
mes des légistes les plus capables, sont
employés pour aveugler et tromper le
jury; et l'accusé ne peut avoir aucun sûr
et parfait appui, si ce n'est dans le bon sens
et l'indépendance des hommes honnêtes,
placés sur le banc des jurés.

» Dans les causes entre particuliers, à
moins qu'il n'existe entre eux une dispa-
rité de rang telle qu'elle puisse produire
une injuste influence, les jurys peuvent
manquer difficilement de faire justice. De
chaque côté, l'avocat des parties leur présente l'affaire sous tous les points de vue
sous lesquels il est possible de l'envisager.
S'ils combinent leurs raisons avec les faits
résultant des témoignages et avec la loi
expliquée par le juge qui doit en faire
l'application, il est difficile qu'ils ne rendent pas un verdict juste et difinitif (1).»

Et plus loin il ajoute :

«Lorsque les juristes essaient de jeter
dans l'embarras les jurés et le public, en
établissant dans les verdicts une distinction entre *le fait* et *le droit*, ils oublient....

____

(1) Phillips, chap. 1ᵉʳ, *Observ. prélim.*

» 1°. Les devoirs reconnus des jurys et des juges sont séparés. C'est l'affaire du juge d'exposer la loi qui doit être appliquée au cas soumis au jury ; et c'est l'affaire du jury, de prononcer sur le point qui est en question.

» 2°. Les termes mêmes d'une déclaration, ou d'un *verdict*, en matière criminelle, indiquent les pleins pouvoirs du jury, et renferment un jugement *sur le fait et sur la loi*. Le mot *coupable, désigne un coupable dans le sens de la loi*, un simple *fait* n'étant pas un *crime* si la loi ne le déclare pas *tel*; toute déclaration de *coupable* et de *non coupable* embrasse donc *la loi et le fait* (1). »

Aussi, *les juristes* d'Angleterre ont-ils

______

(1) Chap. ix, *du Verdict*.

vainement tenté *de jeter dans l'embarras les jurés et le public,* en établissant dans *les verdicts une distinction entre le fait et le droit,* distinction qui a suffi *aux juristes* de France pour aveugler les jurés et le public.

Mais l'institution du jury est plus connue dans cette Angleterre, qui éprouve depuis si long-temps les bienfaits de cette institution, même dans les affaires civiles (1), et chez laquelle un des plus grands magistrats a écrit :

« Mais cette utilité se montre plus évidente encore dans les causes criminelles, car dans les momens difficiles et dangereux il y a plus à redouter de la violence

______

(1) Il est inutile de parler ici des différences qui peuvent exister entre le jury, dans les affaires civiles, et le jury, dans les affaires criminelles.

et de la partialité d'un juge nommé par
la couronne, lorsqu'il prononce entre le
roi et un sujet, que lorsqu'il décide la contestation de deux particuliers pour fixer
les bornes de leur champ. Nos lois ont donc
placé sagement cette forte et double barrière de la mise en accusation et du jugement par jurés, entre les libertés du
peuple et les prérogatives de la couronne;
sans cette barrière, dès qu'un homme dé-
plairait au gouvernement, les juges nommés par la couronne pourraient l'empri-
sonner, l'exiler, le condamner à mort, par
une simple déclaration que tel est leur bon
plaisir; ainsi les libertés de l'Angleterre
ne subsisteront qu'autant que ce *palladium*
demeurera sacré et inviolable, et que nous
saurons le défendre, non-seulement contre les attaques ouvertes que personne ne

serait assez audacieux pour tenter, mais aussi, contre toutes les machinations secrètes qui pourraient le saper et le miner sourdement (1).»

Les jurés de jugement doivent donner leur verdict à l'unanimité (2).

Il est si vrai que les jurés jugent *le fait* et *le droit* par le *verdict général*, que dans les cas où *ils veulent juger seulement le fait*, ils rendent un *verdict spécial*.

« J'affirme que le verdict général, *ex vi termini*, doit toujours comprendre la géné-

---

(1) Le juge Blackstone.

(2) C'est ce qui a fait dire à ce même magistrat anglais, Blackstone :

« La législation anglaise attache un tel prix à la vie des hommes, que nul ne peut être convaincu d'un crime, sans le consentement de vingt-quatre de ses égaux, c'est-à-dire de douze membres du grand jury qui l'accuse, et de la totalité du petit jury qui le juge coupable. »

ralité de la cause ; qu'en conséquence, un pareil verdict, rendu dans un procès criminel, sur les conclusions générales de non coupable, renferme universellement et inévitablement une décision *sur le point de droit aussi-bien que sur le point de fait ;* car, l'accusation comprend l'un et l'autre, et le verdict, ainsi que nous l'avons dit, doit s'étendre à toute l'accusation.

» Cocke et Littleton ont donné tous les deux la définition précise d'un verdict général ; tous les deux, ils disent que *si le jury veut prononcer sur le point de droit*, il doit le faire par un *verdict général qui s'étend toujours à toute la cause* (1). »

L'existence et la distinction *des deux verdicts* achèvent de prouver les droits des ju-

____

(1) Discours d'Erskine en la Cour du banc du roi.

rés, puisque les jurés ont la faculté de rendre l'un ou l'autre de ces *verdicts ;* voici l'origine du *verdict spécial :*

Un *statut de la treizième année du règne d'Edouard* Ier, établit que les juges ne presseraient pas les jurés de répondre précisément si *c'était ou non le* CRIME IMPUTÉ ; il établit que les jurés *pourraient* spécifier seulement le *point de fait,* s'ils *voulaient* confier aux juges la décision du *point de droit;* peut-être même voulut-il seulement donner aux jurés l'*aide des juges.*

Le verdict de *guilty* (coupable), ou *not guilty* (non coupable), est appelé un *général verdict,* parce qu'il répond *à toutes les questions que présente l'accusation,* et qu'il est conçu en termes généraux, sans spécifier aucune circonstance particulière. Mais lorsque les jurés ont quelques doutes *sur le point de droit criminel*, comme , par exemple, lorsqu'ils sont incertains de savoir si le *fait imputé* à l'accusé est véritablement un assassinat prémédité (murderer), ou n'est qu'un simple meurtre (manslaugther), OU MÊME N'EST PAS UN CRIME DU TOUT AUX TERMES DE LA LOI, ils PEUVENT laisser *ce point* à la décision de la Cour, et alors ils rendent un verdict appelé *spécial verdict*, parce qu'il spécifie les circonstances particulières *du fait*, qu'*ils laissent* ensuite aux juges le soin de qualifier (1). »

Les jurés PEUVENT, dit M. Cottu, *laisser aux juges* LA DÉCISION *du point de droit;* d'après ces expressions mêmes, M. Cottu reconnaît (on le verra d'ailleurs plus tard),

____

(1) Voy. *De l'Administration de la justice criminelle en Angleterre*, par M. Cottu.
Voy. aussi Blackstone.

que les jurés PEUVENT décider eux-mêmes
et le point de fait et le point de droit.

Suivant le même écrivain, les jurés rendent un *spécial verdict,* en établissant d'a-
bord les faits, et en ajoutant : s'il paraît
aux juges que ces faits constituent (un tel
crime), les jurés déclarent l'accusé coupable (de ce crime) ; mais s'il paraît aux
juges que ces faits ne constituent pas (un
tel crime), les jurés déclarent que l'accusé
n'est pas coupable (de ce crime).

En admettant que telle est toujours la
forme du *verdict spécial,* on voit que les
magistrats ne sont juges du *point de droit*
que lorsque la décision du *point de droit*
leur est déférée par les jurés, qui ne la leur
défèrent que lorsqu'ils ont une entière confiance dans leur impartialité, non moins
que dans leurs lumières.

Mais tous les efforts des jurés doivent tendre à rendre un *verdict général;* lorsque le point de droit leur présente une question trop ardue, ils peuvent s'adresser aux juges « pour en obtenir l'explication (1), » dit Richard Phillips, qui rapporte ce qui suit sur le *verdict spécial :*

« *Pour le secours et la commodité des jurys dans les cas particuliers, et contre leur usage*

---

(1) *Voy.* Richard Phillips, chap. ix, *du Verdict,* trad. par M. Comte :

« Cette demande est faite ordinairement d'une manière hypothétique, par le chef du jury, en ces termes : « Le jury a des doutes sur la manière dont la loi disposera, soit sur le fait A, soit sur le fait B. Il désire donc que la Cour lui explique quel doit être l'effet de la loi dans les cas. » Ou : « Le jury, en considérant le fait A, ou le fait B, désire connaître distinctement quelle sera la loi qui devra être appliquée dans l'un et l'autre cas, et il s'adresse respectueusement à la Cour pour en être instruit. » Le jury doit écrire au bas l'explication du juge, quand il donne sa déclaration. »

(111)

et leur devoir de donner en une seule fois des verdicts généraux et définitifs, il fut établi, par les statuts de la treizième année du règne d'Edouard Ier, chap. 3o, sect. 2, que les juges ne presseraient pas les jurys de dire précisément, si c'est ou non le crime imputé, de manière qu'ils établissent la vérité du fait, *et demandent ensuite l'assistance des juges :* mais si le jury veut, de son propre mouvement, prononcer sur l'accusation, sa déclaration sera admise à ses risques (1). »

« *Ce serait abuser du secours donné par*

____

(1) « Il n'y a pas d'autre statut que celui-ci pour régulariser, restreindre ou diriger le verdict du jury. Ce point étant trop délicat pour admettre l'intervention de la puissance législative, les jurés n'ont pas d'autre guide, en formant leur *verdict*, que leur serment et le sens intuitif de la vérité et de la justice. » *Voy*. Phillips, trad. par M. Comte.

statut, si le jury abandonnait ses fonctions après avoir établi *le fait, lequel fait
n'est pas considéré par la loi comme un verdict, mais comme un pas préliminaire qu'il
faut faire pour y arriver....*

» Cela ne peut autoriser le jury à aban-
donner, par une déclaration imparfaite, la
cause sur laquelle il a juré de prononcer,
et à la laisser ainsi décider à d'autres ; il
doit toujours, après avoir obtenu *l'aide* de
la Cour, délibérer de nouveau sur un verdict général, c'est-à-dire, définitif. »

On rapporte même que dans un temps
où les juges étaient autorisés à prononcer
une amende contre les jurés en certains
cas, une Cour condamna un jury à l'a-
mende *pour s'en être rapporté aveuglément à l'opinion de la Cour en* MATIÈRE DE
LOI.

Mais nous avons vu déjà que c'était *sur-tout dans les procès de la presse,* que, dans la suite des temps, la magistrature anglaise tenta de restreindre les droits des jurés : le passage suivant va achever de faire connaître cette contestation :

« C'était une question très-controver-sée, que celle de savoir si, *dans les questions de libelle,* les pouvoirs des jurés devaient se borner à établir *le fait* de la publication, et s'ils étaient ensuite obligés de suivre la direction qui leur était donnée par le juge sur la question de savoir si le livre reconnu avoir été publié *était de nature à être considéré comme un libelle.*

» Lors du fameux bill qui fut présenté par M. Fox, et soutenu par lord Erskine, en 1792, appelé *Fox's libell bill,* dont le but était de faire *cesser ces doutes,* et de déterminer d'une manière précise *les pou-voirs des jurés dans cette matière*, plusieurs questions furent adressées par la chambre des pairs aux douze grands juges de l'Angleterre réunis, pour leur demander leur opinion sur différens points de jurisprudence qui avaient trait à ce sujet ; et il paraît résulter des réponses faites à ces questions, que les juges regardaient les jurés comme obligés, *sur le point de droit*, de s'en rapporter à leur opinion, d'après cet axiôme, *de jure respondent judices, de facto jurati*.

» Cette jurisprudence s'était établie sous le règne de Charles II, à l'époque où fut rendu ce fameux acte du parlement sur la régularisation de la liberté de la presse, acte traité de *scandaleux* par la plupart des publicistes.

» Il y était dit que personne ne pourrait imprimer ou faire imprimer aucun livre ou pamphlet, quel qu'il fût, s'il n'avait préalablement obtenu une autorisation légale des personnes auxquelles le droit de censure avait été déféré par cet acte.

» Les livres de loi devaient recevoir l'autorisation du chancelier ou d'un des présidens des trois grandes Cours; ceux d'histoire ou de politique, l'autorisation d'un des principaux secrétaires d'État; et ceux enfin qui renfermaient des *nouvelles*, des *romances*, des *contes de fées*, ou qui traitaient de philosophie, de mathématiques, de médecine, de religion, ou même d'*amour*, devaient être soumis à la censure de l'archevêque de Cantorbéry, ou de l'évêque de Londres, comme si, ajoute l'auteur qui rapporte cette loi, les hommes

d'État qui l'avaient rédigée avaient supposé que ces révérends prélats étaient,
de tous les hommes du royaume, ceux qui
devaient être les plus versés en ces sortes
de matières.

» *Cet acte paraît n'être resté en vigueur
qu'environ trois ou quatre ans*; mais il a
toujours laissé subsister depuis une grande
incertitude sur les pouvoirs des juges et
des jurés *dans les questions de libelle.*

» Plusieurs publicistes, cependant, et
Blackstone en particulier, avaient déclaré
QU'EN TOUTES MATIÈRES les jurés avaient
droit de statuer, *suivant leurs propres lumières, upon the general issue*, c'est-à-dire
sur *toutes les questions du procès.*

» Ce qui comprenait nécessairement CEL-
LES DE DROIT comme CELLES DE FAIT.

» Les partisans de M. Fox tiraient en-

core un autre argument en faveur des jurés, de la faculté non contestée que la loi
leur accordait de n'émettre qu'un *spécial
verdict* dans les cas où, se trouvant embar-
rassés sur le sens de la loi, *ils jugeaient à
propos de s'en rapporter à la décision des
juges.* S'ils sont les maîtres, disait M. Fox,
*de renvoyer aux juges, quand il leur plaît,
la décision des questions de droit,* il est évident qu'ils peuvent aussi, *quand il leur
plaît, retenir le jugement de ces questions.*

» Les juges, de leur côté, ne pouvaient
pas nier le droit qu'avaient les jurés de
rendre un *general verdict,* qui comprenait
la solution de toutes les questions du procès; mais ils soutenaient que le devoir
des jurés, dans ce cas, était de répondre
à la question de fait, suivant l'évidence
qui avait été produite devant eux, et à la

question de droit, suivant la direction qui leur avait été donnée par le juge.

» On répliquait à cette prétention, qu'il était si peu vrai que les jurés dussent se conformer aveuglément à la décision des juges, *sur le point de droit*, que, dans les temps où il était d'usage de condamner les jurés à l'amende en certains cas, des jurés avaient effectivement encouru une condamnation de ce genre, *pour avoir concerté entre eux de rendre leur verdict d'après le sentiment de la Cour sur le point de droit*, et l'on citait le cas suivant à l'appui de cette allégation. — Un homme était accusé d'assassinat prémédité, et, après être convenu *du fait* qui lui était imputé, il avait borné sa défense à soutenir que *ce fait n'était pas un assassinat prémédité*. Les jurés ne pouvaient s'accorder pour décider la question. Le plus grand nombre, cependant, paraissait pencher à regarder le fait comme *ne constituant pas une préméditation* LÉGALE. Pour en finir, ils conclurent entre eux un arrangement; ce fut *de rendre un premier verdict de not guilty; et si la Cour le désapprouvait, de rendre un second verdict de guilty. They come to an agreement in this manner ; that they should bring in and offer their verdict, not guilty ; and if the Court disliked thereof, that then they should all change their verdict, and find him guilty.* D'après cette convention, ils délivrèrent effectivement un premier verdict de *not guilty ;* et, comme ils l'avaient prévu, la Cour l'ayant désapprouvé, et les ayant renvoyés pour délibérer de nouveau, ils revinrent à l'audience avec un second verdict de *guilty.* Cette manœuvre ayant été dévoilée à la Cour par deux de leurs collègues, ils furent tous emprisonnés, et condamnés à l'amende, à l'exception des deux révélateurs, *pour avoir rendu un verdict comme s'ils étaient d'accord sur le* POINT DE DROIT, *lorsqu'ils ne l'étaient pas réellement ; et s'en être rapportés aveuglément à l'opinion de la Cour en* MATIÈRE DE LOI. *For having, when they were not agreed among themselves upon the point of law, entered into an agreement to bring in a verdict as if they were agreed; and in blind compliance with the opinion of the Court* IN MATTER OF LAW.

» Les partisans de M. Fox soutenaient donc que non-seulement les jurés avaient *le droit,* dans toutes les affaires, de rendre un *verdict général, suivant leurs propres lumières,* mais qu'encore il était de *leur devoir* de le faire; et que c'était trahir leurs sermens que de rendre des *verdicts spéciaux*, dans les cas autres que ceux où ils se sentaient véritablement hors d'état de décider la question de droit.

» *Ces principes prévalurent,* et il fut solennellement décidé *qu'en matière de libelles* les jurés seraient autorisés à rendre un verdict général sur toutes les questions de l'accusation (1).»

Je rapporterai ici cet acte important.

LOI DE 1792.

Acte pour dissiper les doutes sur les pouvoirs des jurys en matière de libelle.

« Comme il s'est élevé *des doutes,* si,

____

(1) M. Cottu, *de l'Administration de la justice criminelle en Angleterre.*

dans *un procès pour composition ou publication de libelle*, entre le roi et l'accusé, celui-ci plaidant *non coupable*, il appartient
au jury de donner son verdict sur tout ce
qui est en question, *qu'il soit déclaré et
établi par sa majesté, par et avec l'avis et
consentement des lords spirituels et tempo-
rels,* etc. ;

» Que, dans tout jugement pareil, le jury
assermenté pour prononcer dans la cause
pourra donner un verdict général de *coupable* ou de *non coupable* sur tout ce qui
est mis en question par l'acte d'accusation
ou par l'information, et qu'il ne pourra
être requis ou obligé, par la Cour ou par
le juge devant qui l'accusation ou l'information est portée, de déclarer le défendeur coupable seulement sur la preuve
qu'il est l'auteur de la publication de l'écrit

qualifié de libelle , et sur la preuve du sens donné à cet écrit dans l'acte d'accusation ou d'information ;

» Pourvu toutefois que, dans un tel procès, la Cour ou le juge devant qui l'accusation est plaidée donnent leur opinion et leurs explications au jury sur ce qui est en question entre le roi et l'accusé , de la même manière que dans les autres procès criminels;

» Pourvu aussi qu'en cela rien ne soit entendu de manière à empêcher le jury de rendre un verdict spécial, comme dans les autres cas criminels;

» Pourvu encore que , dans le cas où le jury déclarerait le défendeur coupable , ledit défendeur puisse légitimement se pourvoir pour faire arrêter le jugement , pour les mêmes motifs et de la même manière qu'il l'aurait pu suivant la loi, avant le présent acte, et nonobstant ce qui pourrait être dit de contraire. »

Ainsi, en Angleterre, dans les procès de la presse comme dans tous les autres procès criminels, c'est-à-dire en toutes matières, il appartient aux jurés de décider le *fait* et le *droit*.

Résumons-nous par ces paroles de Richard Phillips :

« Je crois, dit-il, je crois très-fermement et très-sincèrement qu'il n'existe pas d'hommes plus capables et plus justes que les juges d'Angleterre. Leur éducation, leur expérience, leur manière de vivre, et leurs fonctions leur donnent droit à un profond respect. Mais, pendant un jugement par jury, il ne faut jamais oublier que, par notre constitution, *ils ne sont que les aides* ou les assistans légitimes du jury; que le jury tient le premier rang, et que les juges ne tiennent que le second; que c'est le jury qui est chargé d'examiner la cause et de prononcer en tout en dernier ressort, et que le seul, l'unique devoir du juge, est d'expliquer clairement la loi telle qu'elle peut être hypothétiquement appliquée à la déclaration qui peut avoir lieu, quelle qu'elle puisse être; et, lorsque la déclaration est faite, d'appliquer la peine portée par la loi, ou de prononcer l'acquittement (1). »

§ XIII.

Du Jury dans les États-Unis d'Amérique (2).

Si nous avions à parler de l'organisation

----

(1) Voy. *Des Pouvoirs et des Obligations des Jurys anglais*, chap. vi, *des Juges*.

(2) Comme en Angleterre, il y a deux jurys : le jury d'accusation et le jury de jugement dans ces procès cri-

du jury, nulle part nous ne la trouverions ni plus pure ni plus libre, que chez la nation la plus heureuse du monde, la république des États-Unis d'Amérique.

Mais notre sujet nous borne à dire que les deux *verdicts* existent, comme en Angleterre, le *verdict général* et le *verdict spécial* : ce qui ne laisse aucun doute sur les pouvoirs des jurés. Lorsqu'ils veulent prononcer sur *le fait* et sur *le droit*, ils rendent un *verdict général* de *coupable* ou *non coupable.*

§ XIV.

Du Jury en France. — Assemblée constituante.

Qu'avait-on vu dans notre patrie jusqu'en 1789?

---

minels ; comme en Angleterre, le jury est appelé dans les affaires civiles.

Les premiers rois Francs, qui s'établirent dans la Gaule, s'arrogeant, comme un droit de conquête, le droit de juger le peuple conquis ; (1)

Les rois jugeant eux-mêmes, ou déléguant le pouvoir de juger à des feudataires qui jugeaient sous le bon plaisir des rois ;

A l'époque de l'établissement de la féodalité, les rois et les seigneurs agissant, *chascuns de son côté*, en souverains : *«Chascuns des barons si est souverains en se baronnie (2)»*, et, suivant cette maxime féodale, jugeant eux-mêmes ou déléguant le pouvoir de juger à des officiers, qui jugeaient sous le bon plaisir de tous ces *souverains* ;

---

(1) Le peuple conquérant se jugeait lui-même ; mais, dans la suite, il fut soumis au sort du peuple conquis.

(2) Beaumanoir, chap. XXXIV.

(128)

Orgueil et bassesse, ignorance et despotisme, barbarie, insatiable avidité dans
la plupart de ces rois, seigneurs, officiers,
juges ;

Les rois et les seigneurs abandonnant
les fonctions judiciaires ; l'administration
de la justice mise en régie (1); à la voix
du fisc, des tribunaux s'élevant partout ;

Le pouvoir royal marchant à grands pas
à l'envahissement de toutes les juridictions
seigneuriales ; la fameuse maxime, *toute
justice émane du roi*, consacrée ; la faveur,
l'intrigue et l'argent distribuant la magistrature ;

Les plaintes sans cesse renouvelées des
États-généraux et de la France ;

En réponse, des *édits de parade* (2) ;

____

(1) *Voy*. Loyseau, *des Offices*.
(2) Expressions de Pasquier.

Le trafic étendu jusqu'aux places du parlement (1) ;

Après plusieurs siècles, la vente publique des charges (2) ;

L'hérédité des magistratures ;

Le despotisme magistral envers le gouvernement et surtout envers la nation.

1789 brille sur la France : une assemblée digne d'elle va la régénérer.

Voyons d'abord les principes généraux de cette assemblée sur le pouvoir judiciaire :

Le 17 août 1789, M. Bergasse se présente pour rapporter les travaux du comité de constitution sur l'organisation du pouvoir judiciaire.

---

(1) Plusieurs ordonnances qui furent rendues pour *empêcher* ce trafic, l'attestent.

(2) Regardée comme un remède par Montesquieu !

Il démontre, par le raisonnement et par l'histoire de plusieurs peuples, *l'influence sans bornes du pouvoir judiciaire*, la nécessité de *limiter ce pouvoir avec les précautions les plus scrupuleuses;* il prouve qu'il faut s'empresser d'établir en France l'institution du jury; il dit que *tous les moyens dont il a parlé lui ont été fournis par la jurisprudence adoptée en Angleterre et dans l'Amérique libre;* il veut plus, il veut *qu'on perfectionne encore, s'il est possible, la sublime institution des jurés.*

Citons quelques extraits de son discours; le lecteur suppléera à ce qui a dû précéder ou suivre.

« Ainsi, tous ceux qui ont voulu changer l'esprit des nations, se sont-ils singulièrement attachés à organiser, au gré de leurs desseins, le pouvoir judiciaire. Trop

habiles pour en méconnaître l'influence,
on les a vus, par la seule forme des jugemens, selon qu'ils se proposaient le bien
ou le mal des peuples, appeler les hommes
à la liberté, et à toutes les vertus qu'elle fait
éclore, ou les contraindre à la servitude,
et à tous les vices qui l'accompagnent. . .

. . . .

» On ne peut donc contester *l'influence
sans bornes du pouvoir judiciaire*; mais si
son influence est sans bornes, si elle est
supérieure à celle de tous les pouvoirs publics, *il n'est donc aucun pouvoir public qu'il
faille limiter avec plus d'exactitude que ce-
lui-là. Il n'en est donc aucun qu'il convien-
ne d'organiser avec une prudence plus in-
quiète et des précautions plus scrupuleuses.*»

Il démontre la nécessité de l'institution
du jury, puis il ajoute :

«Voilà quelques-uns des moyens qu'on peut mettre en œuvre, afin d'entretenir la confiance dans l'âme des accusés, et concilier ainsi ce qu'il faut faire pour la recherche des délits et la punition des coupables, *avec ce qu'on doit à la liberté du citoyen, à cette liberté pour le maintien de laquelle toutes les lois sont instituées.*

» Au reste, on s'apercevra facilement qu'il n'est aucun des moyens dont nous parlons ici qui ne nous ait été fourni, *par la jurisprudence adoptée en Angleterre et dans l'Amérique libre,* pour la poursuite et la punition des délits. *C'est qu'en effet, il n'y a que cette jurisprudence, autrefois en usage parmi nous, qui soit humaine. C'est qu'il n'y a que cette jurisprudence qui s'associe d'une manière profonde avec la liberté. C'est que nous n'avons rien de mieux à faire* en ce genre que de l'adopter promptement, en l'améliorant néanmoins dans quelques-uns de ses détails ; en perfectionnant, par exemple, encore, s'il est possible, cette sublime institution des jurés, qui la rend si recommandable à tous les hommes accoutumés à réfléchir sur l'objet de la législation et les principes politiques et moraux qui doivent nous gouverner. »

Enfin il propose un *projet de constitution du pouvoir judiciaire* : au titre 3, des matières criminelles on trouve les propositions suivantes :

. . . . . «Aucun accusé ne sera déclaré coupable que par ses pairs. Il sera incessamment pourvu à ce que la nation jouisse le plus promptement de la procédure par jurés (1). »

______

(1) Voy. le *Moniteur*.

De grands travaux sont entrepris, il s'agit de refondre le pouvoir judiciaire en France. La discussion s'ouvre seulement l'année suivante. Le 24 mars 1790, M. Thouret prononce un discours, où je trouve ces paroles :

« *Le vœu de la France* s'est fait entendre. La réforme de la justice et des tribunaux est un de ses premiers besoins ; et la confiance publique dans le succès de la régénération va s'accroître ou s'affaiblir selon que le pouvoir judiciaire sera bien ou mal organisé.

. . . .

» L'exercice du pouvoir judiciaire a été si étrangement dénaturé en France, qu'il est devenu nécessaire, non-seulement d'en rechercher les vrais principes, mais de les tenir sans cesse présens à tous les esprits, et

(135)

de préserver à l'avenir les juges, les adminis-
trateurs *et la nation elle-même, des fausses opinions dont elle a été victime jusqu'ici* (1). »

Le 29 mars, M. Duport, ancien conseiller au parlement, et qui connaissait si bien,
comme il le disait lui-même, les dangers
du système qui avait pesé sur la France,
M. Duport fait entendre ces paroles :

« Ici il s'agit essentiellement *de l'intérêt
du peuple, qui demande une justice prompte,
facile et impartiale, une justice tellement
confiée, que les juges ne puissent mettre en
danger l'intérêt public :* tel doit être le but
de tous les plans que l'on vous proposera;
*celui qui l'aura le mieux rempli est celui que
vous devez adopter* (2). »

Le 5 avril, un membre fait entendre ces

------

(1) Voy. le *Moniteur* du 5 avril.
(2) Voy. le *Moniteur*.

terribles paroles : « En matière criminelle, ceux qui les demandent (les jurés) ont pour eux tous les hommes instruits, tous les esprits droits, tous les cœurs vertueux; ceux qui les refusent n'ont pour eux que les bourreaux. » Le même jour, un autre membre s'écrie : « Est-il en notre pouvoir de refuser une institution bienfaisante, *sans laquelle la liberté est un mot vide de sens et une pompeuse chimère?*... Ne sommes-nous donc pas encore las *de ces assassinats juridiques que nous avons tant de fois déplorés ?* Que de milliers de malheureux ont été condamnés *par la barbarie de nos lois !* Ne négligeons donc point d'établir des jurés; hâtons-nous, nous serions coupables du sang qui peut être versé avant le jour de *cette salutaire institution.* Si la raison et l'humanité, qui réclament l'institution par

jurés, ne suffisaient pas pour vous déterminer, j'attesterais *l'expérience de l'Angleterre,* qui fait de cette institution la base
de son droit commun. Les Anglais en sont
tellement enthousiastes, qu'ils avancent
que, *n'étant pas libres par leur constitution,
ils le sont par l'établissement de leurs jurés.*
Ils appellent les jugemens des jurés, *les
jugemens du peuple ou les jugemens de
Dieu* (1). »

Le 6 avril, Barnave exprime ainsi un des
principaux motifs qui ont fait établir le jury:
« Les hommes vivant en société ont reconnu que les atteintes les plus fortes contre
la liberté étaient portées par le pouvoir
judiciaire qui frappe chaque jour. C'est
pour arrêter ce pouvoir qu'ils ont institué

______

(1) Voy. le *Moniteur.*

les jurés (1). » Et le 7 avril, un autre membre dit : « Le principe qui sollicite l'établissement des jurés, est absolument le même que celui qui veut que la puissance de faire des lois soit toujours aux mains du peuple seul, et qu'au peuple seul appartienne la liberté nationale... (2). » Mais si la puissance de faire des lois n'est plus aux mains du peuple seul, pense-t-on qu'alors le peuple, c'est-à-dire le jury, exécutera sur lui-même des lois injustes, tyranniques ? Non, sans doute ! et tels sont les deux grands avantages de l'institution du jury : le premier avantage consiste à préserver le peuple du despotisme des magistrats, le second avantage consiste à préserver le peuple du despotisme des législa-

____

(1) Voy. le *Moniteur*.
(2) Voy. le *Moniteur*.

teurs. En un mot, l'institution du jury est la sauvegarde de la liberté individuelle et de la liberté politique. C'est ainsi que, dans cette même séance du 7 avril, un membre disait : «L'institution des jurés, en matière criminelle, est le fondement le plus solide de la liberté politique et de la liberté individuelle; il est de votre devoir de consacrer cette institution dans la constitution. Cette consécration peut se faire sans aucun danger, et s'il y avait des dangers, il le faudrait encore (1).»

Considérons maintenant l'esprit de l'Assemblée constituante dans un rapport plus rapproché encore de la question qui nous occupe ; dans le discours prononcé par M. Bergasse le 17 août 1789, on lit :

« La confiance naîtra si non-seulement le magistrat qui décrète est distingué du

____

(1) Voy. le *Moniteur*.

magistrat qui applique la loi, mais si le magistrat qui *applique la loi* ne peut le faire qu'autant qu'un ordre de personnes, *des jurés, par exemple, auront prononcé sur la validité de l'accusation.* Parce qu'il est dans l'ordre de celui qui dispose de quelque puissance, d'aimer à en faire usage, *il faut, autant qu'il est possible, ne pas mettre le juge dans une position où il soit le maître de multiplier à son gré les occasions d'exercer son ministère : or, cet inconvénient, qui laisse une si grande activité aux passions particulières,* CESSE ABSOLUMENT, *si, semblable au* GLAIVE *qui ne peut frapper qu'autant qu'il est mu par une force étrangère, le juge ne peut déployer l'autorité de la loi, qu'autant qu'il est déterminé par une décision* QUI N'EST PAS SON OUVRAGE (1). »

____

(1) Voy. le *Moniteur.*

Souvenons-nous que dans ce même discours M. Bergasse dit : « *Il n'est aucun moyen dont nous parlons ici qui ne nous ait été fourni par la jurisprudence adoptée en Angleterre, et dans l'Amérique libre, pour la poursuite et la punition des délits.* »

Il résulte de plusieurs séances, que la distinction entre *le fait* et *le droit* fut établie, à l'imitation des *Romains*, *des Anglais* et des *États-Unis*. Ce n'était donc pas une nouveauté que cette distinction entre le *fait* et *le droit ;* elle n'empêchait pas à Rome, elle n'empêche pas en Angleterre et dans les États-Unis, les jurés appelés dans les procès criminels, de décider si *le fait* est *un crime aux termes de la loi.* Car, pour que les jurés puissent déclarer si l'accusé *est coupable,* il faut bien qu'ils sa-

chent *s'il a violé la loi.* Au *criminel*, il ne
faut donc pas tirer de fausses conséquences
de cette distinction entre *le fait* et *le droit*,
qui peut être entendue différemment au
civil, parce que les principes ne sont plus
les mêmes. Cependant M. Syeys, dans le
plan qu'il proposa, voulait que le jury, *au
civil* comme au *criminel*, prononçât *sur le
fait* et *sur le droit*.

Voici quel était le plan de M. Syeys.

1°. *Au civil*, il y aura dix-huit jurés;
quinze jurés seront des gens de loi, trois
jurés auront été nommés par élection (1);

2°. *Au criminel*, il y aura vingt-sept
jurés; quatorze jurés seront des gens de
loi, treize jurés auront été nommés par
élection (2).

____

(1) *Voy.* art. 104 du plan.
(2) *Voy.* art. 104.

3°. Le jury, *au civil*, et le jury, *au criminel*, prononceront *sur le fait et sur le droit* (1).

4°. . . . . . . Le *juge* se regardera plutôt comme *un directeur de justice*, chargé par la loi de faire rendre la justice, que comme un juge de l'ancien état des choses chargé de la rendre lui-même. *Si le nom de juge doit lui être exclusivement conservé, c'est parce que c'est à lui à prononcer le jugement, et que la loi le commet à cet égard pour être son organe* (1). C'est ainsi que M. Syeys s'expliquait sur les fonctions *des juges* dans l'article 122 de son plan. M. Syeys établissait expressément les droits souverains du jury dans les affaires crimi-

----

(1) *Voy*. art. 121, etc.
(2) *Voy*. art. 122.

nelles , même dans les affaires civiles.
Mais il restreignait le jury au civil presque
dans une classe, pour les cinq sixièmes,
dans les gens de loi. Suivant son plan,
le jury, au criminel, devait être composé aussi de la moitié, plus *un* de gens
de loi. C'était dénaturer l'institution, la
rendre moins populaire, lui ôter son prin-
cipal caractère. M. Syeys le reconnaissait,
mais il cédait, disait-il, à l'empire des
circonstances, à la confusion de notre législation, qui lui paraissait devoir faire appeler au jury un grand nombre de gens de
loi (1). Cette confusion était grande sur-

---

(1) Cela devait être ainsi, disait-il lui-même, et même
dans un article de son plan... « Tant qu'un nouveau
code n'aura pas simplifié la justice. » Ainsi, avec un
jury entièrement composé de membres élus, les pouvoirs des jurés devaient rester les mêmes.

tout, comme chacun sait, dans la législation civile; toutefois, dans la séance du 7 avril 1790, un membre de l'Assemblée constituante fit entendre ces paroles, qui, méditées avec bonne foi, pourraient assurément dissiper les préventions de bien des magistrats contre les jurés, à moins que ces magistrats ne pensent que toute l'intelligence est sur leurs siéges, et qu'elle n'est jamais sur le banc des jurés : «J'ai exercé, disait-il, *des fonctions de magistrature*, et je demande à tous ceux qui, comme moi, avaient trouvé leur instruction dans les provisions de leur office, je leur demande si ce ne sont pas les avocats qui nous apportent la nourriture de chaque jour. Ce sont eux qui, s'étant partagé les différentes branches de la jurisprudence, que le juge sans eux serait obligé de pos-

séder toutes, ce sont eux qui nous fournis-
sent les connaissances dont nous avons
besoin pour juger. Les rapports sont pour
la plupart préparés par des avocats, et il
est trop vrai de dire que ce sont les
roues d'acier qui font aller les aiguilles
d'or. Ainsi, *les juges, pour les neuf dixiè-
mes des affaires, sont des jurés, et jugent
comme le feraient les jurés peu instruits, sur
des lumières qui ne sont point à eux, mais
qu'ils ont recueillies* (1).»

En vérité, n'est-ce pas vouloir s'attri-
buer le monopole de l'intelligence que de
prétendre que les jurés, éclairés par les
débats, ne puissent décider, sinon des
questions de droit civil, du moins des questions *de droit criminel,* que tous les ci-

----

(1) Voy. le *Moniteur.*

toyens, et l'accusé lui-même, *sont censés*
connaître ? «Je ne crains pas d'avancer une
chose qui paraît un paradoxe, disait le
même membre : il est indifférent de vivre
dans un pays où tout le monde connaît les
lois, ou dans un pays où personne ne les
connaît....» Le devoir du législateur est de
faire connaître les lois pénales à tous les citoyens; tous les citoyens *sont censés* les connaître; c'est en vertu de cette supposition,
qu'on les leur applique s'ils les violent : et
de quel droit appliquerait-on à un accusé
une loi pénale que les jurés eux-mêmes seraient déclarés incapables de comprendre ?
Le devoir du législateur est de simplifier les
lois pénales, et celui des jurés est de juger
d'après *le sens intuitif* de la justice (1).

---

(1) Ils sont les *pairs* de l'accusé.

Donner aux jurés la faculté de juger *le fait et le droit* dans les procès criminels, écarter des procès criminels l'influence des juges, tendre à la simplification des lois pénales, et garantir la liberté individuelle et la liberté politique, tel a été le but de l'Assemblée constituante.

Pendant la discussion, parut, dans le *Moniteur* du 8 avril, un article dont je rapporterai l'extrait suivant :

« *Législation criminelle.*

» Les Romains, *comme tous les peuples dignes de la liberté*, avaient senti la liaison étroite qui existe entre les principes du gouvernement et les principes de la législation criminelle. Ils avaient senti quelle terrible force donnait, dans l'ordre politique, le droit de prononcer sur l'inno-

(149)

cence et sur la vie des hommes; *et le juge
n'avait été chez eux que l'organe, ou, si je
puis m'exprimer ainsi, l'application de la loi.* »

L'auteur de l'article ajoutait en parlant
des jurés romains :

« *Cette institution très-peu connue, quoiqu'elle mérite de l'être beaucoup, me paraîtrait surtout devoir être préférée dans ce
moment, comme assurant les droits de l'innocence et de l'humanité...* »

Voici le motif qui engageait le rédacteur du *Moniteur* à insérer cet article, et
qui m'engage à en faire mention :

« Ce morceau que nous avons cru devoir
offrir en ce moment au public, disait le
rédacteur du *Moniteur*, est extrait d'un
ouvrage nouveau sur les lois pénales, 2 vo-
lumes in-8°, *par M. de Pastoret*, maître
des requêtes. Nous donnerons incessam-

ment une analyse de ce traité, qui, par l'importance du sujet, *et le talent connu de l'auteur, mérite, surtout dans les circonstances actuelles*, de fixer l'attention publique. »

M. de Pastoret est aujourd'hui vice-chancelier de la Chambre *des pairs :* on le dit moins favorable aux libertés publiques; mais *le talent connu de l'auteur* était, dès 1790, une imposante autorité.

Que conclure de tout ce que j'ai rapporté jusqu'ici? c'est que la nation et l'Assemblée constituante voulaient enlever aux juges toute leur influence sur les procès criminels, et imiter Rome, l'Angleterre, et les États-Unis (1).

---

(1) L'on cita souvent dans la discussion, et l'on voulut évidemment suivre l'exemple de ces nations.

Aussi l'établissement des jurés, *en ma-tière criminelle*, fut-il décrété à une très-grande majorité, et aux applaudissemens de toute la salle, dans la séance du 30 avril 1790. (Voyez le *Moniteur.*)

Pourquoi n'établit-on pas les jurés *en matière civile ?* à cause de la confusion de notre législation et de notre jurisprudence civiles; et c'est une raison de plus de croire aux pleins pouvoirs du jury dans les affaires criminelles.

Si *les subtilités* et *l'étalage de la science* doivent être bannis, c'est surtout dans les procès criminels : aussi M. Duport, rap-porteur du comité de constitution et de jurisprudence criminelle, dit, avec une profonde raison, dans la séance du 26 dé-cembre 1790 : « Ce qui plaît, dans l'éta-blissement des jurés, c'est que tout s'y

décide par la droiture et par la bonne foi,
simplicité bien préférable à ce vain étalage
de science, à cet amas inutile et funeste
de subtilités et de formes que l'on a, jusqu'à ce jour, appelé *la justice.* »

Enfin parut la constitution française du
3-14 septembre 1791, cette constitution
dont la première page est la *déclaration des
droits de l'homme et du citoyen.* Il est possible que de malveillans ou d'irréfléchis
critiques aient blâmé cette *déclaration,*
mais nous trouverons toujours écrits, dans
une institution faite par la main des hommes,
les droits que nous tenons de la nature (1).

----

(1) L'illustre Assemblée l'a dit en tête de cette déclaration, et dans l'adresse au peuple français, décrétée
par elle dans le mois de février 1790, et qui avait été
présentée par le comité de constitution, ayant pour organe M. *de Talleyrand* :

« Les droits des hommes étaient méconnus, insultés

(153)

Voyons les principes posés par la constitution française ; nous examinerons ensuite les lois qui développèrent ces principes.

« *Constitution française du 3-14 septembre 1791.*

» TITRE 3. — CHAPITRE 5.

» Article 9. — En matière criminelle, nul citoyen ne peut être jugé que sur une accusation reçue par des jurés (jury d'accusation. . . . .

. . . .

----

depuis des siècles : ils ont été rétablis pour l'humanité entière dans cette déclaration, qui sera à jamais le cri de ralliement contre les oppresseurs, *et la loi des législateurs eux-mêmes.* » (*Voy.* cette adresse.)

» Après l'accusation admise, *le fait* sera reconnu et déclaré par des jurés (jury de jugement) . . . .

. . . .

» L'application de la loi sera faite par des juges. »

« Article 18. — Nul ne peut être jugé, soit par la voie civile, soit par la voie criminelle, pour *fait* d'écrits imprimés ou publiés, sans qu'il ait été reconnu et déclaré par un juré (1), 1° s'il y a délit dans l'écrit dénoncé ; 2° si la personne poursuivie est coupable (2). »

____

(1) C'était alors le nom du jury lui-même comme de chaque membre du jury.

(2) C'était vers ce temps qu'en Angleterre les juges prétendaient plus que jamais que les jurés n'avaient pas le droit d'examiner *s'il y avait délit* dans l'écrit dénoncé... L'Assemblée constituante déclare expressément

Nous devons examiner maintenant la loi sur la justice criminelle et l'institution des jurés du 17-29 septembre 1791 , et la loi en forme d'instruction pour la procédure criminelle des 29 septembre et 21 octobre 1791. Ce fut par ces lois que les principes de la question qui nous occupe furent développés.

Dans le tribunal du district, un des juges était désigné pour remplir les fonctions de *directeur du jury d'accusation*.

Lorsqu'un prévenu avait été déposé dans la maison d'arrêt, le directeur du jury examinait si l'inculpation *était de nature* à être présentée au jury.

---

que les jurés seuls doivent juger s'IL Y A DÉLIT. Lecteurs de bonne foi, douterez-vous encore des droits des jurés ?

Si le directeur du jury trouvait, par l'examen de la cause, qu'elle ne devait pas être soumise au jury, *la loi lui prescrivait d'assembler le tribunal.*

Si, au contraire, il avait décidé que la cause devait être soumise au jury, ou si, contre son opinion, *le tribunal l'avait ainsi déclaré,* le directeur du jury devait dresser l'acte d'accusation.

Lorsqu'il y avait une partie plaignante ou dénonciatrice, le directeur du jury et la partie devaient s'accorder pour dresser l'acte d'accusation.

Si le directeur du jury et la partie ne pouvaient s'accorder *soit sur les faits, soit sur la nature de l'accusation,* chacun d'eux rédigeait séparément son acte d'accusation.

«L'acte d'accusation, disait l'article 15

du titre 1ᵉʳ *de la loi de la justice criminelle,
et de l'institution des jurés, contiendra le
fait et toutes les circonstances ; celui ou ceux
qui en sont l'objet y seront clairement dé-
signés et dénommés ;* LA NATURE DU DÉLIT *y
sera déterminée aussi précisément qu'il sera
possible ; il sera dit qu'il a été commis mé-
chamment et à dessein* (1).»

Le jury d'accusation s'assemblait. Le directeur du jury recevait le serment, par
lequel chacun des jurés promettait d'examiner avec attention les témoins et les
pièces, et de s'expliquer avec *loyauté* sur
l'acte d'accusation.

On lisait les pièces, on entendait les té-

______

(1) L'acte, ainsi rédigé, devait, avant d'être présenté
au jury d'accusation, passer sous les yeux du commissaire du roi, qui, s'il trouvait que le délit était de nature à être soumis au jury, écrivait au bas de l'acte : *la
loi autorise.*

moins, ainsi que la partie plaignante. Ensuite, le directeur du jury se retirait et laissait les jurés délibérer entre eux.

Après leur délibération, leur chef, qui était le plus ancien d'entre eux, mettait au bas de l'acte d'accusation. *La déclaration du jury est : Oui, il y a lieu*, ou bien, *la déclaration du jury est : Non, il n'y a pas lieu.*

Nous avons vu qu'il y avait des cas où le directeur du jury et la partie plaignante avaient présenté chacun un acte d'accusation séparé. Les jurés déterminaient celle des deux accusations qui devait avoir lieu, en mettant au bas de l'acte la formule négative, et si aucune des deux accusations ne leur paraissait devoir être admise, leur chef mettait la formule négative au bas des deux actes.

Les jurés d'accusation, s'ils pensaient qu'il y avait lieu à une accusation, mais différente de celle qui était portée en l'acte, avaient aussi le droit de déclarer : *Il n'y a pas lieu à la présente accusation.*

Qu'on réfléchisse un peu aux vastes pouvoirs que l'Assemblée constituante donnait aux jurés d'accusation. Je ne loue ni ne critique, je raconte.

Ils pouvaient admettre ou rejeter l'accusation, ou déclarer qu'il y avait lieu à une autre accusation.

Leur conscience *sur la nature du délit, qui était cependant une question de droit,* n'était enchaînée ni par l'opinion du directeur du jury, ni par le jugement du tribunal du district, ni par la décision du commissaire du roi qui avait écrit au bas de l'acte d'accusation ces mots : « *La loi autorise* (1). »

Les jurés d'accusation n'étaient cependant que huit simples citoyens, auxquels l'Assemblée constituante ne demandait pas une aptitude supérieure à celle des jurés de jugement : «Tous sont égaux, car tous sont citoyens, et la même aptitude est requise pour les deux espèces de jurés », est-il dit dans la loi en forme d'instruction pour la procédure criminelle (2).

Lorsque le jury d'accusation avait déclaré qu'il y avait lieu à accusation, l'accusé comparaissait devant le tribunal criminel

---

(1) *Voy.* la note de la page 157.

(2) Le jury d'accusation, composé de huit jurés, reçut le vaste pouvoir qu'exerce en Angleterre le grand jury ou jury d'accusation, composé de vingt-trois membres, choisis parmi l'élite de la nation.

du département, en présence du jury de jugement.

Le président du tribunal recevait le serment par lequel chacun des jurés promettait de SE DÉCIDER *d'après les charges et moyens de défense, et suivant sa* CONSCIENCE ET SON INTIME CONVICTION, *avec l'impartialité et la fermeté qui conviennent à un homme* LIBRE.

Le greffier lisait l'acte d'accusation.

Après les dépositions des témoins et les débats, « le président (dit l'article 19 du titre 7) résumera l'affaire, *fera remarquer aux jurés les principales preuves pour et contre l'accusé; il terminera en leur rappelant avec simplicité les fonctions qu'ils ont à remplir, et en posant nettement les diverses questions qu'ils doivent décider, relativement au fait, à son auteur et à l'intention.*

Article 20. — « Le président dira aux jurés qu'ils doivent d'abord déclarer *si le fait de l'accusation* est constant ou non ; ensuite, si un tel, qui est accusé, *est ou non convaincu* de l'avoir commis. »

Article 21. — « Le président posera les questions *relatives à l'intention* résultant de l'acte d'accusation, ou qu'il jugera résulter de la défense de l'accusé ou du débat ; *il disposera ces questions suivant l'ordre dans lequel elles doivent être décidées, en commençant par les plus favorables à l'accusé ; il les remettra par écrit au chef des jurés, lesquels seront tenus d'y délibérer.* »

Je le demande, avant toute discussion, pense-t-on que l'Assemblée constituante aurait voulu donner moins de pouvoir aux jurés de jugement qu'aux jurés d'accusation ?

Non-seulement l'Assemblée constituante donna aux jurés de jugement les droits les plus étendus, mais encore elle voulut les forcer, pour ainsi dire, à les exercer *tous et toujours*, en obligeant le président de leur remettre par écrit une série de questions sur lesquelles ils étaient *tenus de délibérer.*

« Avant de chercher, dit-elle (1), si l'accusé est coupable, ils doivent examiner si le délit est constant. »

Ensuite l'Assemblée constituante recommande aux jurés de rechercher si *le délit est constant, si l'accusé est convaincu de ce délit ;* d'examiner *quelle a été l'intention de l'accusé, de scruter quels ont été les motifs,*

---

(1) *Voy.* la loi en forme d'instruction pour la procédure criminelle.

les circonstances et la moralité du fait. « La loi leur ordonne, ajoute-t-elle, lorsqu'ils ont trouvé *que le délit existait, et que l'accusé était convaincu de l'avoir commis, de faire une troisième déclaration d'équité sur les circonstances particulières du fait, soit pour déterminer si le délit a été commis volontairement ou involontairement, avec ou sans dessein de nuire, soit pour prononcer en atténuation du même genre de délit.* »

A Rome, on ne faisait aux jurés, en Angleterre et dans les États-Unis, on ne fait aux jurés de jugement que cette seule question : *l'accusé est-il coupable ?*

L'Assemblée constituante a déclaré aussi que les jurés de jugement étaient appelés pour décider « *si l'accusé est coupable ou non du crime dont on l'accuse.* »

Elle a fait plus, elle a voulu, dans l'in-

térêt de l'accusé, obliger les jurés à délibérer sur une série de questions, et l'on
demande si l'Assemblée constituante a
donné aux jurés de jugement les mêmes
droits qu'ils avaient à Rome, et qu'ils ont
en Angleterre et dans les États-Unis !

Pourquoi cette série de questions a-t-elle
été établie ? « *Pour forcer encore les jurés à
mettre plus de précision et de justesse dans
leur déclaration ;* » ainsi s'exprimait M. Duport, qui la proposait au nom des comités ;
pour forcer les jurés à user de tous leurs
droits, à remplir tous leurs devoirs.

« *La loi a porté plus loin encore la pré-
voyance,* » dit l'Assemblée constituante elle-
même, en parlant de cette série de questions dans la loi en forme d'instruction sur
la procédure criminelle, du 29 septembre-
21 octobre 1791.

Enfin, et pour nous résumer, citons encore ces paroles de l'Assemblée constituante sur *les jurés d'accusation* :

« Les jurés qui ont à porter une décision dans cette circonstance , doivent bien se pénétrer de l'objet de leur mission; ils n'ont pas à juger si le prévenu est coupable ou non , mais seulement *si le délit qu'on lui impute est de nature à mériter l'instruction d'une procédure criminelle* (1), et s'il y a déjà des preuves suffisantes à l'appui de l'accusation; ils apercevront aisément le but de leurs fonctions en se rappelant les motifs qui ont déterminé à établir un juré d'accusation. *Ces motifs ont leur base dans*

-----

(1) Le Code de brumaire an 4 omit ces derniers mots : et, en effet, beaucoup de lecteurs, même parmi les amis des institutions libérales, s'étonneront de *ce droit* accordé aux *huit jurés d'accusation.*

le respect pour la liberté individuelle. La loi, en donnant au ministère actif de la police le droit d'arrêter un homme prévenu d'un délit, a borné son pouvoir au seul fait de l'arrestation. Mais une simple prévention, qui souvent a pu suffire pour qu'on s'assurât d'un homme, ne suffit pas pour le priver de sa liberté pendant l'instruction du procès, *et l'exposer à subir l'appareil d'une poursuite criminelle* (1). »

Ainsi, c'est par *respect pour la liberté individuelle,* c'est pour qu'un citoyen ne fût pas légèrement *exposé à subir l'appareil d'une poursuite criminelle,* que l'Assemblée constituante confia *aux jurés d'accusation,* à *huit* simples citoyens *le droit* de décider,

______

(1) *Voy.* la loi en forme d'instruction pour la procédure criminelle.

à la majorité des voix, si le délit imputé au prévenu était *de nature à mériter l'instruction d'une procédure criminelle !*

Quels ne devaient donc pas être *les droits des jurés de jugement,* de ces douze citoyens, éclairés par les débats, et délibérant sur *la vie, la liberté, l'honneur d'un citoyen !*

Evidemment, d'après les lois de l'Assemblée constituante, le sort du prévenu dépendait du jury d'accusation ; le sort de l'accusé dépendait du jury de jugement (1).

« Dans ces deux cas, dit la loi du 29 septembre-21 octobre 1791, le sort du prévenu ou de l'accusé dépend de la décision des jurés. Ceux-ci sont des citoyens

____

(1) Ils n'en eût pas été ainsi, comme on le verra dans la suite, d'après le système qui tendrait à morceler les droits des jurés.

(169)

appelés, à l'occasion d'un délit, pour examiner le fait allégué contre le prévenu ou
l'accusé, *et décider, d'après leurs connaissances personnelles et les preuves qui leur
sont fournies, si le délit existe, et quel est
le coupable.* »

§ 15.

Code du 3 brumaire an 4 (25 octobre 1795).

Ce Code a maintenu la série des questions qui devaient être soumises aux jurés
de jugement, et les termes dont il s'est
servi doivent être remarqués :

« Article 374, au titre 6 du livre 2: la
première question tend essentiellement à
savoir si le fait qui forme l'objet de l'accusation est constant ou non ; — La seconde,

(170)

si l'accusé est, ou non, convaincu de l'avoir commis, ou d'y avoir coopéré.—Viennent ensuite les questions qui, *sur la moralité du fait et le plus ou moins de gravité du délit*, résultent de l'acte d'accusation, de la défense de l'accusé ou débat. — Le président les pose dans l'ordre dans lequel les jurés doivent en délibérer, en commençant par les plus favorables à l'accusé. »

Tel est le texte de l'article 374; je ne sais si je m'abuse, mais un pareil texte ne me paraît laisser aucun doute sur les droits du jury.

§ 16.

Codes actuels.

Bonaparte fut consul provisoire le 19 brumaire an 8 (10 novembre 1799);

Premier consul pour dix ans, le 22 frimaire an 8 (13 décembre 1799) ;

Premier consul à vie, le 14 thermidor an 10 (2 août 1802);

Empereur, le 28 floréal an 12 (18 mai 1804).

Cet homme, qui ne sut pas être le plus grand des citoyens, devint le plus habile des despotes.

Il savait que celui qui est maître de tous les jugemens est maître de toutes les vies et de toutes les libertés.

Il voulut organiser l'ordre judiciaire comme son armée.

Il s'empara de la nomination de tous les juges, abolit le jury d'accusation, le remplaça par une réunion de magistrats, appelée chambre d'accusation, créa un grand nombre de tribunaux d'exception, mais il n'osa pas annihiler le jury de jugement, ni lui ravir ses droits : nous en rapporterons la preuve..... Ne l'osant pas, il chercha à le remplir, non de jurés, mais de *commissaires*. En effet, il donna une très-grande influence à son gouvernement sur le choix des jurés (1).

Mais ici il ne s'agit que des droits du jury : cherchons-les.

Un projet de code criminel fut soumis aux magistrats de France : les uns se montrèrent entièrement imbus de servilité et de préjugés, les autres défendirent avec courage l'institution du jury et ses droits.

Le projet remplaçait la série de ques-

----

(1) Des lois récentes ont restreint l'influence du gouvernement, et par conséquent amélioré la composition du jury.

tions par la question unique, qui était en usage à Rome, et qui est en usage en Angleterre et aux États-Unis : *l'accusé est-il coupable ?*

Le tribunal criminel du Cantal dit à ce sujet : « La position des questions deviendra extrêmement simple dans le système du projet ; mais il est bien entendu sans doute que le directeur des débats n'oubliera jamais, dans le résumé, de faire sentir aux jurés la nécessité de peser sur l'intention qui a pu déterminer l'accusé dans le fait qui lui est imputé. »

Le tribunal criminel des Forêts dit : «Mais *cette seule question, qui paraît être la véritable à juger*, embrassera *plus que jamais*, et LE DROIT ET LE FAIT, déjà par eux-mêmes si confondus, si inséparables dans les matières judiciaires : *la seule conscience du jury en sera donc chargée..... »*

Ce tribunal voyait donc les droits du jury consacrés mieux que jamais dans cette question unique : l'accusé est-il coupable?

Le tribunal de la Charente - Inférieure s'expliqua avec une entière franchise ; il dit : « Plus on perfectionnera l'institution du jury, plus LES JURÉS SAURONT, quelque respect qu'ils doivent *au délégué* du gouvernement, QU'EUX SEULS SONT LES VRAIS JUGES, *et que lui n'est que l'applicateur de la loi.* »

Voilà ce que les jurés ne devraient jamais ignorer : EUX-SEULS SONT LES VRAIS JUGES, *et les magistrats ne sont que les applicateurs de la loi.*

Mais hâtons-nous de rapporter les paroles que le chef lui-même du gouvernement prononça, lorsque, plus tard, en 1808, le Code d'instruction criminelle fut discuté au sein du Conseil-d'État; dans la séance du 16 septembre, il s'exprima ainsi : « En faisant déclarer par LE JURY que *l'accusé est coupable*, faut-il laisser les JUGES *qualifier* le crime, *prononcer si c'est un vol, un parricide ou un assassinat?* VOILA CERTES CE QUE PERSONNE NE VEUT.... »

Non, personne ne peut vouloir laisser *les juges qualifier le crime;* les dangers que fait craindre la magistrature permanente renaîtraient.... Personne ne peut vouloir enlever ce droit aux jurés; aux jurés seuls il appartient de prononcer si *c'est un vol, un parricide, ou un assassinat...* , ou le jury n'est qu'une vaine formule.

Considérons maintenant la loi elle-même, c'est-à-dire l'article 337 du Code d'instruction criminelle qui nous régit encore :

« La question résultant de l'acte d'accusation sera posée en ces termes : « L'accusé
» est-il COUPABLE D'AVOIR COMMIS TEL MEUR-
» TRE, TEL VOL OU TEL AUTRE CRIME, *avec*
» *toutes les circonstances comprises dans le*
» *résumé de l'acte d'accusation ?* »

Que doit donc contenir l'acte d'accusation ? Et quel doit en être le résumé ?

Article 241 du Code d'instruction criminelle : « .... L'acte d'accusation exposera,
1° LA NATURE DU DÉLIT qui forme la base de
l'accusation ; 2° le fait et toutes les circonstances qui peuvent aggraver ou diminuer la peine ; le prévenu y sera dénom-
mé et clairement désigné ; l'acte d'accusation sera terminé par le *résumé* suivant :
*En conséquence N...... est accusé d'avoir
commis* TEL MEURTRE, TEL VOL OU TEL AU-

TRE CRIME *avec telle et telle circonstance.*»

L'acte d'accusation est soumis aux jurés ; la question qui leur est faite comprend tout le résumé de l'acte d'accusation : il est donc vrai de dire que les jurés jugent l'*accusation tout entière.*

Donc, la question unique qui leur est faite : « L'ACCUSÉ EST - IL COUPABLE D'AVOIR COMMIS TEL CRIME? est complexe et doit es décomposer ainsi : 1°. Le fait est-il vrai, et est-il LE CRIME imputé par l'acte d'accusation? 2°. Est - il vrai que l'accusé en soit l'auteur? 3°. Est-il vrai que l'accusé l'ait commis avec *intention criminelle?*

En effet, si le fait n'existe pas, ou s'il n'est pas UN CRIME, ou s'il n'est pas LE CRIME *imputé* par l'acte d'accusation, les jurés ne peuvent déclarer l'accusé COUPABLE ou d'un fait qui n'existe pas, ou d'un fait qui n'est

pas UN CRIME, ou d'un fait qui n'est pas le
CRIME IMPUTÉ par l'acte d'accusation. Tous
ces cas sont indifférens aux yeux de la loi:
car, un fait que la loi n'a pas qualifié CRIME,
est pour la loi comme un fait *qui n'existe
pas ;* dans ces deux cas, l'accusé ne peut
être déclaré COUPABLE; il ne doit pas être
non plus déclaré *coupable* lorsque le fait
existe, que le fait est UN CRIME, mais qu'il
n'est pas LE CRIME IMPUTÉ *par l'acte d'accusation.* Car, « ce qu'il est bien essentiel de
ne pas perdre de vue, c'est que toute la
délibération du jury porte *sur l'acte d'accusation...* (1). (Art. 342). » Les jurés « ne

____

(1) Les jurés ne doivent pas rechercher si l'accusé a
commis un autre crime que celui porté en l'acte d'accusation. Cette disposition, jusqu'ici si mal comprise, se
trouve dans le Code de 1791, dans le Code de brumaire
an 4 et dans le Code actuel. Le noble ministère des

sont appelés que pour décider si l'accusé est ou non coupable du CRIME QU'ON LUI IMPUTE (même article). »

Ensuite, si le crime existe, il est évident que l'accusé ne peut en être déclaré coupable lorsqu'il n'en est pas l'auteur.

Enfin, lors même qu'il en est l'auteur, il ne doit pas être déclaré COUPABLE *si son intention n'a pas été criminelle.*

§ 17.

Jurisprudence de la Cour de cassation.

Dans un arrêt de la Cour de cassation, du 11 octobre 1816, on trouve les motifs suivans :

jurés est de déclarer l'accusé coupable, ou de le décharger du crime qu'on lui impute.

« Attendu que *les Cours d'assises n'ont
de caractère que pour prononcer sur l'application de la loi pénale*, d'après les faits déclarés par le jury ;

» *Qu'au jury seul la loi a délégué le droit
de décider les faits de l'accusation ; que ce
droit n'est pas borné au fait matériel ; qu'il*
S'ÉTEND AUSSI A LA MORALITÉ DE CE FAIT, ET A
TOUTES LES CIRCONSTANCES QUI PEUVENT LUI
DONNER UN CARACTÈRE CRIMINEL, OU
MODIFIER CE CARACTÈRE ;

» Et attendu que la Cour d'assises du département de la Moselle *s'est bornée à soumettre à la décision* DU JURY *le fait matériel
des discours que.....*, était accusé d'avoir
tenus dans des lieux publics;

» *Qu'elle s'est permis de prononcer* ELLE-
MÊME *sur l'objet de ces discours et sur les
effets qu'ils tendaient à produire;*

(181)

» Qu'en cela *elle a usurpé* les attributions du jury, et *violé les règles de compétence établies par la loi...* »

Dans un autre arrêt de la Cour de cassation, du 2 octobre 1819, on trouve les considérans suivans :

« Considérant que, d'après LES ARTICLES 336, 337 ET SUIVANS du Code d'instruction criminelle...., IL APPARTIENT AU JURY SEUL de prononcer, NON-SEULEMENT *sur le fait matériel de l'accusation*, MAIS AUSSI SUR LA MORALITÉ DE CE FAIT, ET SUR TOUTES LES CIRCONSTANCES QUI PEUVENT LUI DONNER UN CARACTÈRE CRIMINEL, OU MODIFIER CE CARACTÈRE (1);

» Considérant, dans l'espèce, que par

______

(1) On doit remarquer que la Cour de cassation a fondé son arrêt sur les articles que j'invoque aujourd'hui.

l'arrêt de la chambre d'accusation de la
Cour royale de Toulouse, du 19 juillet
1819..... a été renvoyé devant la Cour
d'assises du département du Tarn, comme
prévenu d'avoir, par des cris proférés dans
un lieu public, provoqué à un crime contre
l'inviolabilité du roi et l'ordre de successi-
bilité au trône ;

» Que le fait de prévention ayant été
ainsi déterminé et caractérisé, le prési-
sident de la Cour d'assises *devait* soumettre à la décision *du jury*, non-seulement le fait matériel des cris que. . . . .
était prévenu d'avoir proféré dans un lieu
public, *mais aussi* toutes les circonstances
de moralité qui pouvaient faire rentrer ledit fait dans l'application, soit de l'article 4,
soit de l'article 5 de la loi du 17 mai 1819 ;

» Que conséquemment, LE PRÉSIDENT DE-

(183)

VAIT, outre la question sur ledit fait matériel, SOUMETTRE AU JURY *celle de savoir si
les cris proférés avaient*, SOIT LE SIMPLE CA-
RACTÈRE DE SÉDITIEUX , SOIT LE CARACTÈRE
PLUS GRAVE D'ATTAQUE FORMELLE, respective-
ment spécifiés par lesdits articles;

» *Que, néanmoins, le président s'est borné
à soumettre à la décision du jury le seul
fait matériel des cris ;* et qu'après la décla-
ration affirmative du jury sur ce fait, LA
COUR D'ASSISES S'EST PERMIS DE PRONONCER
ELLE-MÊME SUR LES CIRCONSTANCES DE MORA-
LITÉ QUI EN POUVAIENT CARACTÉRISER LA CRI-
MINALITÉ ;

» Qu'en cela *elle a usurpé* les attributions
du jury et *violé les règles de compétence* établies par la loi (1) ;

---

(1) La loi a-t-elle fait des exceptions ? Non. La Cour

» D'après ces motifs, etc...»

Ces deux arrêts de la Cour de cassation sont fondés sur les principes généraux
qui divisent les fonctions des jurés de celles
des juges, et sur l'article 337 du Code
d'instruction criminelle : cet article a été
invoqué par la Cour de cassation elle-même ; il ne renferme aucune exception :
dans toutes les accusations, les jurés ont
à décider si l'accusé est coupable du crime
qu'on lui impute.

Mais, depuis ces arrêts, la Cour de cassation a introduit une distinction *d'une ex-
trême subtilité* : et cependant, n'est-il pas
effrayant de voir la magistrature française,
la Cour de cassation elle-même, divisée

---

de cassation elle-même n'en voit aucune. Mais elle en
verra plus tard....

sur une question de vie ou de mort, de liberté, d'honneur pour les citoyens? car les magistrats et les jurés peuvent avoir une opinion différente *sur la criminalité d'un fait*, et de cette différence, suivant que les uns ou les autres prononcent, dépend le sort de l'accusé.

Dans un arrêt rendu le 28 décembre 1820, la Cour de cassation a pensé que, lorsque la criminalité du fait doit être déterminée *«d'après les dispositions d'une loi qui en a réglé les élémens constitutifs, elle forme une question de droit, qui sort de la compétence des jurés, et rentre dans les attributions des Cours d'assises.»* Ainsi, par exemple, la Cour de cassation a pensé, dans cet arrêt et dans un autre arrêt du 7 octobre 1825, que *les dispositions de plusieurs lois ont réglés le élémens constitutifs du crime de faux,* et, conformément à sa nouvelle doctrine, elle a prétendu, dans ces mêmes arrêts, qu'il appartient aux jurés de prononcer seulement « *sur les faits maté-riels* », et que c'est aux Cours d'assises à juger « *si ces faits constituent un faux* (1) ;» « *si ces faits constituent le crime de faux en écriture publique, en écriture de commerce ou de banque, ou simplement en écri-ture privée* (2) ! »

Admettons pour un moment *la distinc-tion subtile* de la Cour de cassation. Est-il donc vrai que *les dispositions de nos lois aient réglé les élémens constitutifs du crime de faux,* avec une exactitude telle que les

----

(1) *Voy.* l'arrêt du 28 décembre 1820.
(2) *Voy.* l'arrêt du 7 octobre 1825.
Je ferai plus loin quelques observations sur un autre point de la *nouvelle doctrine* de la Cour de cassation.

magistrats ne puissent se tromper et qu'il n'y ait aucun danger à les en laisser juges ; mais ouvrez nos recueils de jurisprudence, ils sont pleins de décisions contraires sur chaque mot de ces prétendues définitions si exactes du crime de faux, et qui sont en effet au nombre des définitions les plus exactes des Codes. Et c'est au hasard de l'interprétation des juges, c'est à la manière plus ou moins conséquente dont ils rapprocheront « *les faits matériels , des dispositions* de ces lois», que vous confierez le sort de l'accusé !

Peu de lois dans nos Codes ont défini d'une manière bien exacte *les élémens constitutifs des crimes ;* et c'est à ces lois que la nouvelle doctrine de la Cour de cassation, de son aveu même, devrait se restreindre : mais qui fera le choix de ces

lois? qui en a le droit? à chaque accusation, il faudra donc savoir si *les dispositions de la loi, de l'article, du paragraphe
qu'on invoque, ont réglé les élémens constitutifs du crime.* Voilà un premier procès engagé entre les magistrats et les jurés.

Mais non, le législateur ne l'a point voulu, aussi n'a-t-il point établi de distinc-
tions entre les lois; le texte de l'article 337
est formel, général. Dans tous les cas, il
appartient aux jurés de décider si l'accusé
est coupable ou non *du crime* qu'on lui impute. Le chef lui-même du gouvernement
n'avait-il pas dit : « Faut-il laisser les juges
*qualifier le crime ?... Voilà, certes, ce que
personne ne veut !...* »

On ne saurait ôter ce droit aux jurés :
il est de l'essence de leur institution, dans

tous les procès où il s'agit de la vie, de la liberté, de l'honneur d'un citoyen.

La nouvelle théorie de la Cour de cassation, de cette Cour instituée pour faire observer le respect des lois, n'est fondée *sur aucune loi,* et renverse les principes généraux de l'institution du jury.

Si un des motifs de cette théorie a été cette prévention qu'ont la plupart des magistrats contre les jurés, cette croyance que les jurés sont incapables de juger *le caractère légal des faits,* la Cour de cassation s'est encore trompée dans la distinction qu'elle a établie, car elle a refusé aux jurés le droit de décider *la criminalité des faits, lorsque les dispositions des lois ont réglé les élémens constitutifs de cette criminalité, et, au contraire,* elle a laissé aux jurés le droit de décider *la criminalité des faits, lorsque les dispositions des lois n'ont pas réglé les élémens constitutifs de cette criminalité!* Mais ces derniers cas sont les plus difficiles, car il faut plus de capacité pour distinguer *les élémens constitutifs d'un crime, lorsqu'ils n'ont pas été réglés par la loi,* que pour les reconnaître *lorsqu'ils ont été réglés par la loi.* La distinction de la Cour de cassation serait donc encore une erreur en ce point.

Ainsi, *dans sa nouvelle théorie,* absence de loi sur laquelle elle soit fondée, erreur sur les principes généraux, difficultés interminables, dangers immenses (1); dans

____

(1) Je lis dans la *Gazette des Tribunaux :*

« On nous écrit de Troyes :

» M. Dupin aîné est venu le lundi 9 mars pour plaider la cause de M....., accusé de faux en écriture publique, qui devait être jugée au mois de décembre dernier, et qui, par l'effet d'une récusation pour cause

sa première doctrine, tous les avantages

***

de suspicion légitime, élevée par le ministère public,
avait été différée de trois mois. Le Palais-de-justice était
encombré d'une foule immense, accourue pour entendre
l'éloquent défenseur des libertés publiques et des libertés individuelles. Une question grave s'est agitée : celle
de savoir si *le crime de faux*, mentionné dans le résumé
de l'acte d'accusation, devait être énoncé dans les
questions soumises au jury. Le ministère public a soutenu que le jury devait seulement être consulté sur le
fait matériel de l'altération d'écriture, et non sur la
qualification attribuée à ce fait. L'avocat, au contraire,
a établi, d'après l'art. 337 du Code d'instruction criminelle, que le résumé de l'acte d'accusation devait servir
de type aux questions soumises au jury, et que le nom
du crime devait être mis à côté du fait, pour que le
jury pût juger de sa criminalité ; qu'en effet, la déclaration de *culpabilité* ne reposait pas sur l'examen d'un pur
fait, d'un fait quelconque, mais d'un fait *qualifié crime
ou délit par la loi et par l'accusation.* « Je vois avec peine,
» s'est écrié M. Dupin aîné, qu'on veut restreindre le
» pouvoir et la prérogative du jury. On veut en faire une
» sorte d'automate, un instrument inerte, qui déclare un
» fait constant, sans en entrevoir ni la gravité, ni les
» conséquences, ni même en quelque sorte la moralité.
» Réduite à ces termes, la question n'est plus seulement
» celle de l'accusé, c'est la vôtre, Messieurs les jurés ;
» c'est celle du pays tout entier, puisque la vie et l'hon-

contraires. Espérons que la Cour de cassation reviendra à sa première doctrine !

Puisse du moins le jury être persuadé

» neur des citoyens sont placés sous la sauvegarde de
» votre institution. »

» L'opinion contraire a été soutenue avec talent par
M. Stourm, substitut, qui a pris quatre fois la parole.

» La cour a persisté, et a décidé que le nom du crime
ne serait point posé dans les questions.

» Mais le jury a maintenu ses droits en les résolvant
toutes *négativement.*

» Après onze heures de débats, l'accusé a été ac-
quitté et mis sur-le-champ en liberté, à neuf heures du
soir. » (*Gazette des Tribunaux* du 13 mars 1829.)

Cette affaire me rappelle ces paroles de M. Cottu, sur
la question de droit : « Ce cas se présente souvent à l'é-
gard des circonstances aggravantes, et quelquefois aussi,
et avec bien plus d'importance encore, dans certaines
affaires de faux. »

M. Cottu est loin d'élever un doute sur les pouvoirs
des jurés : « Ainsi que nous l'avons vu, dit-il, ce sont les
jurés (en Angleterre) qui sont chargés de décider *les
questions de droit,* mais ils ne sont pas obligés de le faire,
comme en France, *d'une manière absolue.* » (Voy. *De
l'Administration de la Justice criminelle en Angleterre.*)

Faut-il établir les deux *verdicts?* J'examinerai cette
question ailleurs que dans cet écrit.

qu'il ne dépend jamais que de la loi et de sa conscience !

§ XVIII.

Réponses à quelques objections.

L'article 342 du Code d'instruction criminelle est ainsi conçu : « Les questions étant posées et remises aux jurés, ils se rendront dans leur chambre pour y délibérer. — Leur chef sera le premier juré sorti par le sort, ou celui qui sera désigné par eux et du consentement de ce dernier. — Avant de commencer la délibération, le chef des jurés leur fera lecture de l'instruction suivante, qui sera, en outre, affichée en gros caractères dans le lieu le plus apparent de leur chambre : « La loi » ne demande pas compte aux jurés des » moyens par lesquels ils se sont convain-

» cus ; elle ne leur prescrit point de règles
» desquelles ils doivent faire particulière-
» ment dépendre la plénitude et la suffi-
» sance d'une preuve ; elle leur prescrit de
» s'interroger eux-mêmes dans le silence et
» le recueillement, et de chercher, dans
» la sincérité de leur conscience, quelle
» impression ont faite sur leur raison les
» preuves rapportées contre l'accusé, et
» les moyens de sa défense. La loi ne leur
» dit point : Vous tiendrez pour vrai tout fait
» attesté par tel ou tel nombre de témoins ;
» elle ne leur dit pas non plus : Vous ne
» regarderez pas comme suffisamment éta-
» blie toute preuve qui ne sera pas formée
» de tel procès-verbal, de telles pièces, de
» tant de témoins ou de tant d'indices ; elle
» ne leur fait que cette seule question, qui
» renferme toute la mesure de leurs de-

(195)

» voirs : Avez-vous une intime conviction?
» — Ce qu'il est bien essentiel de ne pas
» perdre de vue, c'est que toute la délibé-
» ration du jury porte sur l'acte d'accusa-
» tion; c'est aux faits qui le constituent et
» qui en dépendent, qu'ils doivent unique-
» ment s'attacher; et ils manquent à leur
» premier devoir, lorsque, pensant aux
» dispositions des lois pénales, ils considè-
» rent les suites que pourra avoir, par rap-
» port à l'accusé, la déclaration qu'ils ont à
» faire. Leur mission n'a pas pour objet
» la poursuite ni la punition des délits; ils
» ne sont appelés que pour décider si l'ac-
» cusé est, ou non, coupable du crime qu'on
» lui impute » (1).

____

(1) *Voy*. l'instruction de 1791 , et celle de brumaire
an 4, et la note de la page 178

Cette belle instruction n'a frappé les yeux des adversaires des droits des jurés que dans quelques mots où ils ont cru apercevoir un appui à leur système. Ces mots, les voici : « Ils (les jurés) man-
» quent à leur premier devoir, lorsque,
» pensant aux dispositions des lois pénales,
» ils considèrent les suites que pourra avoir,
» par rapport à l'accusé, la déclaration
» qu'ils ont à faire. »

Quelques-uns des adversaires des droits du jury avaient dit que les jurés *ne connaissent pas* les lois pénales, et que, par conséquent, ils ne peuvent être juges *de la criminalité* des faits ; quelques autres ont été plus loin, et ils ont conclu des mots que nous venons de rapporter, que les jurés *ne doivent pas connaître* les lois pénales ; des présidens de cours d'assises ont

interdit aux avocats *de citer* les lois pénales;
enfin, on a fait un devoir aux jurés *d'ou-blier*, s'ils les savaient, les lois pénales!

Est-ce là l'intention de la loi?

La loi veut-elle commander qu'on ignore
la loi? D'où nous vient donc cette maxime
générale : *Nul n'est censé ignorer la loi?*
Cette maxime ne s'applique-t-elle pas surtout *aux lois pénales?* Tous les citoyens ne
lui sont-ils pas soumis, le riche et le pauvre,
le savant et l'ignorant? Ah! c'est là surtout
que se manifeste notre égalité devant la
loi! L'accusé n'a peut-être jamais entendu
nommer la loi qui doit le punir, et la loi
lui crie, en le punissant, qu'il est censé
avoir connu la loi!

On ne peut donc pas dire que la loi commande aux jurés d'ignorer la loi.

Le premier devoir qu'elle impose à tous

les citoyens, c'est de la connaître : on ne peut donc pas dire qu'elle suppose que les jurés l'ignorent.

Tous les jurés, *comme citoyens*, sont censés la connaître : si quelqu'un d'eux passait du banc des jurés sur le banc des accusés, alors accusateur, magistrats et législateurs, tous lui crieraient à l'envi, s'il se défendait en disant qu'il ne connaît pas la loi qu'on l'accuse d'avoir violée, que *nul n'est censé ignorer la loi !*

De plus, n'est-il pas un grand nombre de jurés qui ont fait une étude spéciale des lois ?

La loi commande-t-elle aux jurés, même aux jurés-jurisconsultes, d'oublier la loi ? Elle commanderait l'impossible à tout homme dont la mémoire même voudrait obéir.

(199)

Les jurés, au contraire, ne doivent-ils pas se rappeler la loi, et l'apprendre s'ils ne la savent point ? La connaissance de la loi ne leur fera-t-elle pas sentir plus vivement l'importance de leurs fonctions ? ne les remplira-t-elle pas de toute la gravité de leurs devoirs? ne sera-t-elle pas le motif le plus puissant pour les empêcher de rendre jamais une déclaration légère, et pour les déterminer à examiner la cause, ainsi *qu'ils l'ont juré et promis devant Dieu et devant les hommes, avec l'attention la plus scrupuleuse à s'interroger eux-mêmes dans le silence et le recueillement, et à se décider suivant leur conscience et leur intime conviction, avec la fermeté et l'impartialité qui conviennent à des hommes probes et libres* (1) ?

----

(1) Article 312 et article 342 du Code d'instruction criminelle.

Oublie-t-on d'ailleurs qu'un des motifs qui ont fait préférer les jurés aux juges permanens, c'est que les jurés sont moins endurcis par l'habitude, et plus sensibles aux conséquences des condamnations (1)? Eh bien ! non-seulement on détruit ce motif, mais encore on augmente le danger, puisque, d'après le système opposé, les jurés doivent prononcer sans examen, et les juges frapper sans pitié. Ah ! telle n'est pas la doctrine des Anglais, et voici une considération importante d'un de leurs écri-

____

(1) On ne contestera point la réalité de ce motif. Mais, nulle part, je ne l'ai trouvé exprimé avec plus de force que par les magistrats du tribunal criminel des Bouches-du-Rhône, en leurs observations sur le projet de Code : « Ainsi, l'habitude de juger dégénère chez lui (chez le juge permanent) en un véritable métier ; et tel, dont les sens furent glacés lorsqu'il prononça pour la première fois une condamnation à mort, a fini par en prononcer mille avec froideur et tranquillité. »

vains : « Les jurés, dit-il, doivent avoir (sur les lois pénales) des vues nettes et générales. Souvent, en faisant leur déclaration, ils sont poussés par un sentiment d'horreur pour le criminel ; leurs passions ayant été excitées, leur haine se dirige bien plus contre l'homme que contre son crime ; punir le misérable qui leur est présenté, bien plus que le crime porté dans l'acte d'accusation, est un principe qu'ils mettent fréquemment en pratique (1). »

Il y aurait donc danger, injustice, absurdité à refuser aux jurés la connaissance des lois pénales.

---

(1) Phillips, chap. xii, *des Lois criminelles*, au traité *des Pouvoirs et des Obligations des Jurys*.

« En Angleterre, dit M. Ch. Comte (trad. de cet ouvrage ; voy. *Discours préliminaire*, édition de 1819— Paris), le juge est tenu d'expliquer la loi au jury, et de

Ils seraient exposés à *écouter la haine ou la méchanceté, et à trahir les intérêts de l'accusé*, et ils ne doivent pas le faire : la loi elle-même le leur a fait *jurer et promettre devant Dieu et devant les hommes* (article 312).

D'un autre côté, par la connaissance des lois pénales, ils sont exposés à *écouter la crainte ou l'affection, et à trahir les intérêts de la société :* la loi leur a fait aussi *jurer et promettre* de ne point le faire (même article 312).

La recommandation insérée dans l'article 342 les avertit de ne point laisser céder la justice à la sensibilité…. C'est en ce sens qu'elle leur dit « de ne point, en pen-

---

lui faire voir quelles seront les suites légales de sa déclaration. »

sant aux dispositions des lois pénales, considérer les suites que pourra avoir, par rapport à l'accusé, la déclaration qu'ils ont à faire » : cette recommandation n'a pas été imaginée, comme beaucoup l'ont cru, par le législateur du Code d'instruction criminelle ; elle est *extraite textuellement* du Code du 3 brumaire an 4, et de l'instruction qui, en conformité de l'article 372 de ce Code, devait être lue aux jurés par le président du tribunal criminel, et, en outre, affichée en gros caractères dans la chambre destinée aux délibérations des jurés. Transportée dans l'article 342 du Code d'instruction criminelle, elle ne défend pas aux jurés de connaître les lois pénales, elle ne leur commande pas de les oublier, elle ne leur interdit pas d'y penser, elle prémunit seulement leur sensibilité contre les suites de leur déclaration : c'est leur dire de nouveau *de se décider d'après les charges et les moyens de défense, suivant leur conscience et leur intime conviction, avec l'impartialité et la fermeté qui conviennent à un homme probe et libre* (article 312).

Toute interprétation différente me paraît fausse, injuste, impolitique, immorale, et ce qui devrait être toujours le résultat de tout cela, absurde :

Fausse, parce qu'elle serait contraire aux principes généraux de l'institution du jury, aux articles 337, 338, 339, 340, 345 du Code d'instruction criminelle, et à la disposition finale de l'article 342 lui-même, où il est dit que les jurés sont appelés « pour décider si l'accusé est coupable ou non *du crime* qu'on lui impute » ;

Injuste, parce que l'intérêt de l'accusé,

cet intérêt sacré, exige que les jurés sentent, en présence de la peine portée par la loi, toute la gravité de leurs devoirs ;

Impolitique, parce qu'elle rapetisse, dégrade l'institution du jury, sauvegarde de la liberté du citoyen et du peuple ;

Immorale , parce qu'elle défend aux hommes de connaître les conséquences de leurs actions, d'une déclaration d'où dépendent la vie, la liberté, l'honneur des hommes ;

Absurde enfin, puisqu'elle ferait croire que la loi défend de connaître la loi, que la loi commande d'oublier la loi, et de ne plus savoir ce qu'on sait, au moment le plus solennel de la vie !....

§ XIX.

Nous avons déjà parlé de *la nouvelle*

théorie de la Cour de cassation, qui a établi une distinction entre les cas « *où les dispositions des lois ont réglé les élémens constitutifs de la criminalité des faits,* » et les cas « *où les dispositions des lois n'ont pas réglé les élémens constitutifs de cette criminalité.* Dans les premiers cas, la Cour de cassation a pensé que les magistrats, et non les jurés, sont juges *de la criminalité* (1); dans les seconds cas, elle a été forcée de reconnaître que les jurés doivent rester juges *de la criminalité.* Nous avons fait observer que ces seconds cas sont cependant les plus difficiles, et que, puisqu'on ne contestait pas la capacité des jurés dans ces seconds cas, on n'aurait pas dû la leur

___

(1) Toutefois, *dans ces cas mêmes,* suivant la Cour de cassation, les jurés restent juges *de la moralité !*

contester dans les premiers; nous avons démontré que cette distinction était contraire aux lois, à la première doctrine de la Cour de cassation elle-même, et qu'elle était une source de difficultés et de dangers..... Beaucoup de magistrats, abusant même de la nouvelle théorie de la Cour de cassation qui ne l'avait inventée que pour *certains cas*, l'étendent *à tous les cas*, et prétendent que les jurés ne doivent jamais juger *la criminalité*, reconnaissant toutefois qu'ils peuvent juger *la moralité* (1).

----

(1) C'est cet autre point, *cette autre subtilité*, que je voulais indiquer dans la note de la p. 186, et dans celle de la page 206.

En effet, la Cour de cassation, dans sa nouvelle théorie, a établi une distinction entre *la criminalité* et la *moralité* du fait, et dans *certains cas* où elle ne regarde plus les jurés comme juges de la *criminalité*, elle pense

Mais existe-t-il quelque différence, DE-
VANT LA LOI, entre *la criminalité* et *la moralité* d'un fait? La *criminalité* est la *moralité
légale*, et, *en matière criminelle, dans la langue des jurisconsultes, dans la langue de la
loi, la moralité*, c'est toujours *la moralité
légale,* c'est toujours *la criminalité.*

En d'autres termes, devant la loi, *la moralité*, ou *la moralité légale*, ou *la criminalité*, c'est ce qui constitue *la culpabilité devant la loi.*

Devant la loi, on n'est pas *coupable* pour
avoir blessé *les bienséances ou la morale,*

---

cependant qu'ils restent juges de *la moralité.* D'autres
magistrats ont été plus loin , et s'appuyant et abusant à
la fois de cette distinction entre la *criminalité* et la *moralité,* ils pensent que, *dans aucun cas,* les jurés n'ont la
première à juger. Mais comme la *criminalité* et la *moralité* sont la *même chose,* tous ces abus doivent disparaî-
tre.

mais pour *avoir enfreint la loi*, et le mot *coupable* veut dire *coupable dans le sens de la loi.*

« *La distinction* que l'on cherche à établir *entre la moralité et la criminalité du fait*, dit M. Bourguignon, est *une pure illusion*, parce qu'*en matière criminelle*, *ces deux mots* expriment *la même chose.* En effet, *dans le langage des lois*, il ne peut être question que *de la moralité légale* qui constitue *la culpabilité.* On n'interroge pas le jury pour savoir si le fait de l'accusation *blesse les règles de la morale ou des bienséances*, mais si l'accusé *est coupable ou non coupable d'un tel* CRIME : *comment peut-on prétendre que le jury ne doit pas connaître* DE LA CRIMINALITÉ (1) ! »

____

(1) *Jurisprudence des Codes criminels*, tom. 2, p. 585 et 586.

Le jury déclare l'accusé *coupable*......
« Pourquoi *coupable*, dit Erskine, si le jury
ne peut s'occuper de ce qui constitue *la
culpabilité?* » Mais non, ce mot seul prouve
le contraire : « Lorsque le mot *coupable*,
dit Erskine, est prononcé par le jury, ce
mot comprend tout ce que porte l'acte
d'accusation... Ce mot, *ex vi termini, doit*
toujours comprendre la généralité de la
cause... il renferme *universellement et inévitablement* une décision sur *le point de
droit* aussi-bien que sur le point de
fait...(1) »

« Toute déclaration, dit Phillips, de *coupable* et de non *coupable* embrasse *la loi* et
le fait... Le mot *coupable* désigne *un coupable dans le sens de la loi* (2). »

______

(1) Cause du doyen de Saint-Asaph.
(2) *Des Pouvoirs et des Obligations des Jurys*, chap. IX.

Toute la cause doit donc être soumise au jury ; nous avons démontré que toutes les objections sont chimériques ; « mais ce qui n'est pas chimérique, dit M. Bourguignon, *c'est le danger qu'il y aurait de laisser aux juges inamovibles le droit de morceler l'accusation*, de ne soumettre au jury que les circonstances du *fait matériel* et de *moralité* qu'il leur plairait, en se réservant *l'appréciation* et la *criminalité* de ces faits. *Le résultat de cette théorie serait de rendre les juges inamovibles maîtres de la cause, et de livrer à leur discrétion la déclaration du jury.* Il ne faut pas être bien subtil, en effet, pour apercevoir que s'ils ont la faculté de scinder l'accusation, et de ne comprendre dans les questions que les circonstances de fait et de moralité qu'ils jugent convenables, ils pourront en omettre

de très-essentielles. Si, dans leur opinion,
l'accusé est innocent, ils supprimeront une
circonstance grave à laquelle ils n'attachent
nulle importance, et qui cependant aurait
pu déterminer le jury à prononcer la culpabilité. S'ils le croient *coupable*, ils passe-
ront sous silence une circonstance atté-
nuante, pouvant donner lieu à l'acquittement ou à l'excuse, parce qu'elle ne leur
aura pas paru suffisamment indiquée, tandis
que les jurés sont convaincus de sa réalité.
La conscience du jury sera tourmentée,
parce que sa réponse, se trouvant circons-
crite par la question, n'exprimera pas sa
pensée tout entière sur l'accusation. Que
dis-je ? il pourra même arriver qu'à moins
de nier l'évidence, sa réponse, comman-
dée en quelque sorte par une question
incomplète ou insidieuse, sera telle qu'elle

produira un jugement diamétralement contraire à celui qu'il aurait personnellement rendu d'après son intime conviction (1). »

La loi n'a fait aucune distinction : toutes les théories qu'on a imaginées n'ont pour base que l'imagination de leurs auteurs : reconnaissons donc que, DANS TOUS LES PROCÈS CRIMINELS, le jury est juge de TOUTE L'ACCUSATION. « Je demanderai, s'écriait Erskine parlant devant *la Cour du banc du roi*, présidée par lord Mansfield, je demanderai à ceux qui sont encore disposés à nier LE DROIT QU'A LE JURY DE PRONONCER SUR TOUTE L'ACCUSATION, s'il est possible de concevoir UNE ABSURDITÉ PAREILLE dans un gouvernement quelconque, et moins en

---

(1) M. Bourguignon, Voy. *Jurisprudence des Codes criminels*, tom. 2, pag. 587 et 588.

core dans le plus parfait de tous. Quoi ! UN SOUVERAIN POUVOIR JUDICIAIRE AURAIT ÉTÉ CONFÉRÉ AU HASARD PAR LES AVEUGLES FORMES DE LA LOI, sans qu'elle eût eu dessein d'y attacher aucun droit, sans qu'il fût possible d'en user en aucune circonstance ! Ce pouvoir, exercé pendant une longue suite de siècles et dans mille occasions, à la honte et au détriment d'une magistrature stable, n'aurait jamais été renversé par l'autorité ; il se serait maintenu d'âge en âge COMME LA SAUVEGARDE DE NOS VIES ET DE NOS LIBERTÉS, ARRÊTANT LE BRAS DES PLUS FAROUCHES GOUVERNEMENS AU MILIEU DES JOURS LES PLUS ORAGEUX, sans que la couronne et les juges n'eussent jamais pu frapper, malgré lui, le dernier des sujets de ce royaume, ni même demander raison du verdict qui l'acquitte ; un tel système aurait prévalu dans

(215)

un pays comme l'Angleterre, SANS AVOIR ÉTÉ
ORIGINAIREMENT CONSTITUÉ OU SANCTIONNÉ
PAR L'ACQUIESCEMENT DU CORPS LÉGISLATIF !
C'EST CE QUI EST IMPOSSIBLE ! Croyez-moi,
mylord, nul talent ne pourra pallier, nulle
autorité ne pourra consacrer UNE PAREILLE
ABSURDITÉ ; ELLE RÉVOLTE LE SENS COMMUN DU
MONDE ENTIER (1). »

---

(1) Cause du doyen de Saint-Asaph.

FIN DE LA PREMIÈRE PARTIE.

DEUXIÈME PARTIE.

----

§ Ier.

Nous allons entrer dans l'examen d'une
question qui intéresse plus que les jurés,
et peut-être le plus grand bienfait de l'omnipotence du jury sera de hâter la solution
de cette immense question.

Et d'abord, racontons quelques faits.

On connaît toute la sévérité des lois pénales chez les Anglais.

M. Comte dit à ce sujet :

« Les lois pénales des Anglais sont loin
d'être en harmonie avec leur procédure
criminelle ; faites dans des temps de barbarie, elles en portent toute l'empreinte ;
les vices dont elles sont remplies les mettent même au-dessous de celles que nous
tenons en France du gouvernement impé-
rial. *Mais telle est l'influence d'une institution qui fait résider le pouvoir judiciaire
dans le corps de la nation,* que les vices des
lois pénales *disparaissent dans l'application,
et que la puissance législative est obligée de
faire des lois conformes à la raison publique, si elle veut qu'elles soient appliquées.*
La procédure par jurés a *une telle puissance*
qu'elle serait au besoin *une protection contre les actes mêmes du parlement, si ces actes
devenaient tyranniques.* Pour exercer la ty-

rannie, *il ne suffit* pas en effet de faire *des lois cruelles*, ou de déclarer punissables des *faits innocens;* il faut avoir en outre des juges pour punir ces faits, ou pour faire l'application de ces lois. Partout où les juges ne sont que des délégués du pouvoir, la législation pénale la plus douce et la plus modérée peut devenir terrible ; *partout où ils sont pris avec impartialité parmi les citoyens les plus honnêtes d'une nation pour juger momentanément et où ils ne sont soumis à aucune espèce d'influence, il ne peut pas y avoir de lois pénales à craindre* (1). »

----

(1) M. Ch. Comte. Voy. *Discours préliminaire*, en tête de la traduction *des Pouvoirs et des Obligations des Jurys*, ouvrage de Richard Phillips. Édition de 1819.—Paris.

Le même écrivain ajoute : « Si le jury trouve que la

(219)

En effet, c'est surtout des jurés anglais qu'il faut dire ce que disait Platon : « Avec de bons magistrats, les plus mauvaises lois peuvent encore être supportables. »

Il est des cas où, contre la loi, le jury absout *entièrement* l'accusé, en le déclarant *non coupable;* il est d'autres cas où le jury arrange son *verdict* de manière à *diminuer* la peine : alors il déclare l'accusé *coupable,* mais sans une, ou plusieurs, ou aucune des circonstances aggravantes.

La conscience est son guide, la justice est son but.

Il manque à l'évidence, à la loi, à son serment, il se parjure, dira-t-on (1). Je ne

---

peine est excessive, il absout l'accusé ; c'est là une des plus belles prérogatives des jurés : *elle force le législateur lui-même à être juste.* » (*Ibid.*, note.)

(1) Voltaire met au rang des délits « le parjure com-

reculerai point devant ces objections, et je tâcherai d'y répondre. Mais ce qu'on ne remarque pas assez, et que je ne puis m'empêcher de faire remarquer dès à présent, c'est que ces objections seraient beaucoup plus fortes si elles ne s'appliquaient point aux jurés et à l'institution du jury : ma pensée s'expliquera plus loin.

Entre mille exemples que le jury anglais a donnés de son omnipotence, je citerai celui-ci, qui a été le sujet de quelques réflexions.

---

mis pour nuire et non pour secourir un innocent. » M. Royer-Collard disait à la chambre des députés, en 1827 : «Nous sommes les mêmes hommes qui ont *fabriqué des passeports* et rendu peut-être *de faux témoignages* pour sauver des vies innocentes. » (Séance du 14 février. Voy. le *Moniteur*.)

Un jurisconsulte français, écrivant à la Gazette des Tribunaux (1), dit :

« Sir Samuel Romilly rapporte qu'en 1808 une femme nommée Bridget Mack-ablister fut accusée d'avoir volé, dans une maison habitée, des billets de banque s'élevant à une valeur de dix livres sterling. Le fait était clairement prouvé ; les jurés déclarèrent l'accusée coupable, mais, *manquant à leur serment, ils ajoutèrent que les billets de banque étaient seulement de trente-neuf schellings.* Il faut dire que le vol qui dépasse une valeur de quarante schellings, est puni de mort ; et dans cette circonstance, *comme en mille autres,* les jurés anglais, placés entre l'humanité et leur cons-

____

(1) Voy. *Gazette des Tribunaux,* du 9 octobre 1828.

cience (1), aimèrent mieux mentir que d'envoyer la pauvre femme à l'échafaud.

» A cette occasion, sir Samuel Romilly ne s'en prend pas à l'institution du jury; c'est *à la loi pénale* qu'il adresse ses reproches : «Des jurés violent *si souvent* leurs » sermens, dit-il, que cette violation a » perdu en grande partie le caractère odieux » qui lui est naturellement propre. Le juge » Blackstone l'appelle une espèce de *pieux* » parjure. Mais quel peut être *ce système de* » *lois,* dans lequel la violation du serment » est regardée *d'un œil si favorable* par un » homme qui fut l'un des ornemens de la » magistrature, et qui a été conduit à don-

---

(1) Je ne crois pas qu'il soit exact de dire qu'ils fussent placés entre l'humanité et leur conscience ; ils obéirent *à l'une et à l'autre.*   C.

» ner *une épithète si honorable* au crime dé-
» testable du parjure, et à regarder la pro-
» fanation du nom de la divinité, dans l'ad-
» ministration de la justice humaine, *com-*
» *me susceptible de plaire au Tout-Puissant,*
» *et comme participant de la nature d'un*
» *devoir religieux* (1) ! »

Les annales de l'institution du jury, en
Angleterre, sont remplies de ces exemples : le jury absout *entièrement* l'accusé
lorsqu'il croit devoir l'absoudre ; il *dimi-*
nue sa peine lorsqu'il croit devoir la diminuer. On dirait non-seulement un devoir,
mais encore un droit inhérent à l'institution, la condition vitale de l'institution elle-
même.

------

(1) Observations on the criminal Law of England,
pag. 24, 1813.

Le législateur voudrait en vain lui ravir ce *droit*, il ne lui ravirait pas le *pouvoir*, à moins d'anéantir l'institution elle-même.

Ainsi, depuis 1791, les jurés français avaient donné quelquefois des exemples de leur omnipotence, et lorsqu'on rédigea les Codes actuels, les adversaires de l'institution désespérèrent eux-mêmes de pouvoir prévenir de nouveaux exemples.

Suivant M. Legraverend, les adversaires du jury disaient :

« Les jurés ne doivent pas considérer les suites que pourra avoir leur déclaration par rapport au prévenu ; mais l'abus du pouvoir qu'ils commettent, en s'écartant de ce principe, frappe-t-il tous les esprits par son évidence ? Un juré peut-il déclarer l'accusé coupable, sans voir l'échafaud dressé en vertu de cette déclaration ? Non , sans doute.... Que sera-ce s'il juge la loi trop sévère, trop rigoureuse, ou même injuste?»

Suivant le même auteur, les partisans du jury répondaient :

« L'objection tirée de la répugnance qu'ont les jurés à appliquer certaines lois pénales, n'est-elle pas plutôt une critique du Code pénal que de l'institution même du jury? Que doit-on penser d'une loi que la conscience publique réprouve? On doit communément juger qu'elle est mauvaise. Cette conscience publique est le régulateur suprême de la législation des peuples. C'est un bien que le juré puisse opposer sa force d'inertie à l'application d'une loi devenue injuste (1). »

---

(1) *Traité de la Législation criminelle en France*, t. II, chap. II, par M. Legraverend.

En 1825, dans la discussion de la loi du sacrilége, M. le baron Pasquier fit entendre ces paroles dans la Chambre des pairs :

... « Je ne puis vouloir qu'une peine dont l'application soit possible.

» Ceci me fait entrer dans une question non moins haute que toutes celles que j'ai déjà traitées. S'il est un point sur lequel l'accord le plus parfait soit nécessaire dans toutes les parties d'une législation, c'est celui qui consiste à mettre la pénalité en rapport avec les principes et les sentimens des hommes qui doivent en faire l'application. Ce serait en effet un bien déplorable spectacle à offrir aux hommes que celui d'une loi criminelle écrite dans le Code, et qui blesserait tellement la croyance et les sentimens des hommes chargés de la mettre en exécution, qu'elle serait en réalité comme non avenue. Quoi de plus accusateur pour le législateur ou pour la société! Mais dans ce cas, il faut bien le dire, le législateur aurait nécessairement tort, puisqu'il aurait clairement méconnu des dispositions qu'il ne lui était pas permis d'ignorer, et qu'il ne lui était pas donné de surmonter. Mais est-ce donc bien réellement, nobles pairs, qu'on pourrait supposer que l'application de la loi qui vous est proposée serait faite par le jury ?

» J'ose, sur ce fait, interroger tous les hommes qui le connaissent et qui l'ont pratiqué, et je parle avec assurance en présence du ministre de la justice. Peut-il supposer, peut-il se flatter de trouver facilement des jurys qui soient dociles à la nouvelle impulsion qu'on voudrait leur donner. ? »

Un autre pair, M. le comte Molé, s'exprima ainsi :

« Pour nous rassurer, on nous dit que le titre premier, n'étant qu'une complaisance, ne s'appliquera pas. C'est déjà quelque chose que de l'avouer inutile ; mais n'y voyez-vous pas aussi, messieurs, une injure à la génération actuelle ? Les lois ne sont-elles pas l'expression de la moralité du temps pour lequel elles sont faites ? »

Un autre pair, M. le comte de Bastard, parlant du degré de gravité que doit avoir la peine, dit :

« Si elle est trop élevée, trop dure, elle irrite au lieu de corriger. On veut faire naître une salutaire horreur pour le criminel et pour son crime, on ne fait que réveiller ce sentiment de pitié que Dieu a déposé dans le cœur de l'homme ; on finit par absoudre en quelque sorte le coupable trop sévèrement puni, et l'on se révolte contre les rigueurs de la loi. On demande la punition exemplaire du crime, et l'on ne trouve pas de juges qui veuillent la prononcer.....

» Quel est donc celui d'entre nous qui est assez sûr de n'être pas dans l'erreur pour déposer sans trembler dans l'urne qui va lui être présentée la sentence formidable qu'on lui demande? Lorsqu'appelés devant un tribunal moins auguste que celui-ci, le président demande aux jurés si dans leur âme et conscience, devant Dieu et devant les hommes, ils peuvent affirmer que le coupable est digne de mort, le juré redescend en lui-même; si le plus léger doute le trouble encore et l'embarrasse, il n'hésite pas, il s'abstient de prononcer la peine terrible, il livre à ses remords celui que Dieu, dans sa sagesse infinie, dérobe à la justice humaine. Eh! messieurs, serait-ce donc une sentence moins solennelle, celle que nous allons porter» ?

Dans la discussion de la même loi à la Chambre des députés, M. Bourdeau parla ainsi :

« Ce n'est pas tout que de faire des lois, il faut, quand elles sont cruelles, des juges flexibles pour les appliquer; et il ne s'en trouvera pas, dans l'ordre constitué, qui veuillent inscrire leurs noms à la suite des *Poyet* et des *Laubardemont*. L'impunité fera scandale, et la juridiction ordinaire sera déclinée pour créer des tribunaux d'exception. C'est surtout à l'institution du jury, au jugement des pairs et du pays que l'on s'en prendra, avec raison, nous devons l'avouer ; car ils ne peuvent sympathiser avec les promoteurs de l'inquisition. »

Un autre député, M. Devaux (du Cher) s'exprima ainsi :

« Un juré répondra négativement, d'après sa conscience religieuse, à la question mystique d'un sacrilége simple, parce qu'on ne prononce pas des arrêts de mort avec l'indifférence attachée à de simples formules, mais d'après les plus fortes inspirations de la conscience. Ce juré eût répondu affirmativement à la question de fait d'un trouble apporté à la tranquillité publique, réprimé par une peine modérée : dire au juré de n'avoir aucun égard à la peine qui est la conséquence de sa déclaration, c'est méconnaître le cœur humain, c'est lui demander l'impossible ; l'expérience l'a prouvé : jamais, et très-heureusement jamais, on ne rompra ce lien de sympathie qui fait éprouver d'avance au juré les douleurs que sa décision prépare à l'accusé. Si le juré remplace avantageusement le magistrat, c'est parce que sa sensibilité n'est point usée par l'habitude des condamnations. »

Un autre député, M. Benjamin Constant, fit entendre ces paroles :

« Si quelque infortuné a déplu, si sa croyance est suspecte, et plus encore, s'il professe une autre croyance, il sera désigné, poursuivi, que dis-je! jugé d'après je ne sais quelles formes, livré je ne sais à quels tribunaux ; car c'est encore ce que proposent pour la plupart les défenseurs de cette loi. Presque tous réclament d'avance contre le jury, ils l'honorent, et certes, le mot *honorer* est ici le mot propre : Ils l'honorent de leur défiance. »

Un autre député, M. Bertin-Devaux, s'exprima ainsi :

« Que craignez-vous, disent innocemment quelques partisans du ministère? Cette loi qui vous fait peur, est-ce qu'elle n'est pas inexécutable? . . . . Oui, je le crois comme les ministres, je crois pour l'honneur de l'humanité que jamais douze jurés ne consentiront dans les termes de la loi à faire couler le sang humain. . . . »

Cependant la loi du sacrilége fut votée, sanctionnée, promulguée. . . . mais le jury s'est refusé à l'exécuter.

Rappelons ces paroles d'Erskine : « L'administration de la justice criminelle dévolue au peuple est la base de toute liberté; tant qu'elle subsiste, aucune tyrannie n'est possible, car le peuple n'exécutera jamais sur lui-même des lois tyranniques. »

Je l'ai dit moi-même :

(234.)

«*Le pays* ne se laissera pas opprimer par *les législateurs.*»

C'est le second avantage immense de l'institution du jury.

Cette institution, si elle est la meilleure garantie de la liberté individuelle, est aussi la sauvegarde de la liberté politique.

Nous allons examiner dans quels cas le jury doit exercer son omnipotence.

Cet examen nous fournira l'occasion de proclamer *la souveraineté de la conscience.*

§ II.

Ou la loi est *entièrement* injuste, c'est-à-dire prononce *une* peine lorsque l'action ne doit être punie par *aucune* peine ;

Ou la loi est *partiellement* injuste, c'est-à-dire prononce une peine *trop sévère* lorsque l'action ne doit être punie que par une peine *moins sévère.*

Le premier cas est rare dans ce siècle éclairé, chez les trois grandes nations qui vivent sous la salutaire protection du jury. S'il existe en Angleterre, dans les États-Unis d'Amérique, et dans notre France, des lois qui prononcent *une* peine lorsque l'action ne doit être punie par *aucune* peine, ces lois sont des exceptions. Il n'en est pas de même chez tant de peuples moins avancés dans la carrière de la civilisation : là, elles sont nombreuses ces lois qui punissent lorsqu'elles ne devraient pas punir, qui punissent lors même qu'elles devraient récompenser !

Tous les publicistes, à quelque école de législation qu'ils appartiennent, se sont accordés à reconnaître ce principe simple, lumineux : et fécond en conséquences pressantes et justes.

« *Il n'y a qu'un acte nuisible qui puisse être l'objet d'une peine.* »

Si l'acte n'est pas nuisible, il n'y a pas lieu à la peine ;

Si une loi prononce une peine, *obéissance n'est pas due à cette loi :*

Car le seul mal c'est la loi. En effet, il a été nuisible de la faire ; il serait plus nuisible encore de l'exécuter.

Mais tous les partisans de l'obéissance passive sont en émoi, et principalement ceux qui osent tout contre leur conscience et contre Dieu, et rien contre leur intérêt... Ceux qu'aveuglent leurs préjugés ou la superstition, je les plains autant que je les blâme, et je les appelle à leur devoir.

(237)

Vous avilissez, s'écrie-t-on, vous méprisez l'autorité du législateur !

Eh pourquoi ne l'avilirais-je point, ne la mépriserais-je point, si elle-même a avili, a méprisé l'autorité de la justice ? Reconnaître que la justice lui est supérieure, n'est-ce pas là la vérité ? n'est-ce pas là être juste ? Et quel est donc le premier devoir de l'homme, si ce n'est la justice ? N'est-ce pas vers elle qu'il doit tendre de tous ses efforts ? n'est-ce pas vers elle qu'il doit ramener le législateur lui-même ? Et qui l'a déchargé de ce devoir ? Le législateur ? Mais en avait-il le droit, lui, législateur, qui n'est aussi qu'un homme, et dont le premier devoir était aussi la justice ? Lui, qui n'a dû devenir législateur qu'à condition d'être le plus juste des hommes ?

Si donc la loi est injuste, hâtons-nous

de l'avilir, et témoignons que l'homme ne doit obéir qu'à la justice.

Vous ébranlez toutes les lois ! s'écrie-t-on encore.

Accusateurs imprudens ! avez-vous réfléchi à votre accusation? Et serait-il vrai que la justice mît en péril toute notre législation? Mais si c'était vrai, je ne verrais pas la raison de m'en taire, et je ne conçois pas qu'on pût balancer entre le vil esclave et le rebelle audacieux. S'il est encore de malheureux peuples privés de tous leurs droits, faut-il qu'ils renoncent à n'en jamais reconquérir aucun, parce qu'on les leur a tous ravis? Et nous-mêmes renierons-nous jamais 89 ? Grâce aux lumières et au courage de ceux qui rendirent cette époque immortelle, notre nation reprit ses droits, et il nous en reste encore assez pour chérir la constitution qui nous régit. O vous, partisans aveugles de l'obéissance passive, vous surtout pour qui ce dogme n'est que le dogme de la lâcheté, de la servilité, de l'intérêt personnel, ce n'est pas à vous qu'est confié le dépôt des droits consacrés dans la charte. C'est nous qui les défendrions, quand même ils seraient attaqués par l'arbitraire revêtu du caractère d'une loi.

Ceux qui repoussent le plus vivement les lois injustes, sont ceux qui défendent le mieux les lois justes.

Loin de nous ces principes lâchement barbares, à l'ombre desquels on serait injuste, tyrannique, assassin sans danger et sans responsabilité ! Soulevons la réprobation de l'humanité contre des maximes profondément immorales, qui feraient

croire qu'on peut être à la fois sans conscience et sans remords ! Ouvrons les yeux
à ces imprudens qui, aveugles volontaires
sur la foi des autres, jugent et condamnent
sans penser que, peut-être, leur sentence
est un crime ! Mais ces hommes qui se réfu-
gient derrière la loi, et immolent à leur intérêt plutôt qu'à la loi des victimes humaines, ces hommes qui veulent nous tromper
sans se tromper eux-mêmes, qui, orgueil-
leusement esclaves, disent-ils, de la loi, sol-
licitent nos hommages et même notre pitié
pour *les rigoureux devoirs* de leur ministère......Jetez les yeux de tous côtés et voyez
s'il est rien de plus méprisable qu'eux !...

Vienne le malheur des temps où la probité la plus pure et la plus reconnue, où
le courage patriotique, où la liberté mâle,
où la consciencieuse vérité seront, *au nom*

de la loi poursuivis et accusés devant ces mêmes hommes. . . . . Qu'attendez-vous? Ils prononceront leur sentence *au nom de la loi !* . . .

Ils ne veulent pas être plus coupables, disent-ils, que la hache du bourreau. Mais la hache du bourreau est un instrument qui n'a ni volonté ni âme. Ils veulent donc en vain se faire des instrumens *passifs* de supplice ; ils sont des instrumens *coupables* de supplice. Et ils appelleraient encore cela *faire leur devoir !* Non, qu'ils ne prétendent plus se sauver dans la loi. La loi ne peut dispenser de la justice. Si elle protége leur barbarie, que l'infamie s'élève sur eux !

Voulez-vous un exemple d'une loi injuste, d'une condamnation injuste, d'un juge injuste ?

Le spectacle le plus triste est donné à la terre, le supplice du Juste condamné par une loi injuste ; et il semble que la nature elle-même doive prendre le deuil, lorsque Jésus meurt sur la croix. Parmi les partisans de l'obéissance passive, il en est qui regardent Jésus non-seulement comme un homme, mais encore comme un Dieu : ils regardent sa mort comme le plus grand des crimes, et ils soutiennent le dogme de l'obéissance passive ! Non, je n'ai jamais pu concevoir une si étrange contradiction : le dogme qu'ils professent a fait mourir leur Dieu ! Ils n'en récuseront pas les évangiles : ce fut, digne préambule même d'un déicide, si un déicide était possible ! ce fut avec un traître, avec Judas (1), que les

____

(1) . . . . . . Et locutus est (Judas) cum principibus

princes des prêtres et les magistrats concertèrent la mort de Jésus.

Lorsque Jésus fut conduit devant le gouverneur romain, les prêtres juifs s'écrièrent (1) : Crucifiez, crucifiez – le ! En vain le gouverneur leur répond (2) : Je ne trouve en lui aucun crime, les Juifs s'écrièrent (3) : NOUS AVONS UNE LOI ET IL DOIT MOURIR SUIVANT LA LOI. Que fera le gouverneur ? préférera-t-il sa conscience à la loi ? Il n'en a

---

sacerdotum , et magistratibus , quemadmodùm illum traderet eis. (Evang. secund. Lucam, cap. XXII.)

(1) Cùm ergò vidissent cum pontifices et ministri, clamabant dicentes : Crucifige, crucifige eum !.. (Evang. sec. Joannem, cap. XIX.)

(2) . . . Non invenio in eo causam. (*Ibidem.*)......
Ego nullam invenio in eo causam. (*Ibid.*, cap. XVIII.)....
Nihil invenio causæ in hoc homine. (Evang. sec. Lucam, cap. XXIII, etc.)

(3) *Nos legem habemus, et secundùm legem debet mori...*
(Evang. sec. Joannem. cap. XIX.)

pas le courage ! Il immolera sa conscience !
Il exécutera la loi !... Cependant il hésite...
Il veut se décharger de cette terrible responsabilité ! Il apprend que Jésus est Ga-
liléen... Pilate s'en réjouit, et envoie Jésus
à Hérode, tétrarque de Galilée ; mais Hérode renvoie Jésus à Pilate... Écoutons ce
récit fait par un homme qui peint tout ce
qu'il dit :

« Ainsi personne ne voulait condamner
Jésus ; ni Hérode, qui n'avait vu en lui
qu'un sujet de moquerie ; ni Pilate, qui
avait hautement déclaré qu'il ne trouvait
en lui rien de criminel.

» Mais la haine sacerdotale n'était pas
désarmée ; loin de là, les princes des prêtres,
avec un nombreux cortége de leurs partisans, revinrent devant Pilate, résolus de lui
forcer la main.

«Le malheureux Pilate résumant devant
eux toute sa conduite, leur dit encore :
» Vous m'avez présenté cet homme comme
» portant le peuple à la révolte, et néan-
» moins, l'ayant interrogé en votre pré-
» sence, *je ne l'ai trouvé coupable d'aucun*
» *des crimes dont vous l'accusez;* ni Hérode
» non plus, car je vous ai renvoyé à lui, *et*
» *il ne l'a pas plus que moi jugé digne de*
» *mort.* Je m'en vais donc le *renvoyer* après
» l'avoir fait *châtier.* » (Luc, XXIII, 16
et 17.). . . . .

« Après l'avoir fait châtier ! . . . .

« Pilate prit donc Jésus et le fit fouet-
» ter. » (S. Jean, XIX, 1.). . . . .

. . . .

« Mais admirez ici la haute perfidie des
accusateurs ! « Si vous le délivrez, Pilate,
» lui crièrent-ils, vous n'êtes pas ami de

» César. *Si hunc dimittis, non es amicus*
» *Cæsaris* ». . . . .

. . . .

« *Il ne paraît point que Pilate ait été un*
méchant homme ; on voit tous les efforts
qu'il avait faits à plusieurs reprises pour
sauver Jésus. Mais il était *fonctionnaire pu-*
blic ; il tenait *à sa place.* Il fut intimidé par
des cris qui révoquaient en doute *sa fidé-*
lité à l'empereur. Il craignit une *destitution ;*
il céda. *Cupiebat liberare Jesum, sed, cùm*
mollis erat, eorum cedebat affectionibus.

» Aussitôt il remonte sur son tribunal :
Pro tribunali sedens (Math., XXVII, 29), et,
comme s'il lui était survenu de nouvelles
lumières, il va prononcer un second arrêt !

» Et pourtant encore, un instant arrêté
par le cri de sa conscience et par l'avis que
lui faisait passer sa femme, épouvantée :

« Ne vous embarrassez pas dans l'affaire de
» ce juste (Math., XXVII, 9), » il tente un
dernier effort en essayant de décider la
populace à accepter Barrabas à la place de
Jésus.

» Mais *les prêtres* excitèrent le peuple
à demander qu'il leur délivrât plutôt Barrabas. » (Marc., XV, 11.) Barrabas ! un
meurtrier ! un assassin !

. . . .

» Et les cris recommencèrent : *Crucifige!
crucifige !* Et ces clameurs devenaient de
plus en plus menaçantes : *et invalescebant
voces eorum.* (Luc., XXIII, 23.)

. . . .

» Pilate, voyant qu'il ne pouvait rien ga-
» gner sur l'esprit de cette multitude,
» mais que le tumulte s'excitait de plus en
» plus, se fit apporter de l'eau ; et, lavant

» ses mains devant le peuple , il lui dit :

» *Je suis innocent du sang de ce juste. Ce*

» sera à vous à en répondre.» (Math. XXVII,

» 24), et il accorda ce qu'ils demandaient.

» (Luc. XXIII, 24) , et il le remit entre

» leurs mains pour être crucifié. » (Math.,

XXVII, 26.)

« Lave tes mains, Pilate, elles sont teintes du sang innocent ! Tu l'as octroyé par faiblesse, tu n'es pas moins coupable que si tu l'avais sacrifié par méchanceté. Les générations ont redit jusqu'à nous : le Juste a souffert sous Ponce Pilate : *Passus est sub Pontio Pilato.*

» Ton nom est resté dans l'histoire pour servir d'enseignement à tous les hommes publics, à tous les juges pusillanimes, pour leur révéler la honte qu'il y a à *céder contre sa propre conviction.* La populace en fureur criait au pied de ton tribunal (1)! Peut-être toi-même n'étais-tu pas en sûreté sur ton siége ! Qu'importe ? ton devoir parlait : En pareil cas mieux vaut recevoir la mort que de la donner (2). »

Et depuis, combien a-t-on vu de malheureux Juifs, innocens du crime de leurs pères, qui peut-être étaient innocens eux-mêmes, parce qu'ils avaient été séduits par leurs prêtres et leurs magistrats, seuls in-

----

(1) « Citons ici les termes d'une des plus belles lois romaines : *Vanæ voces populi non sunt audiendæ, quandò aut noxium crimine absolvi, aut innocentem condemnare desiderant.* (Loi 12, au Code *de Pœnis.*) Si Pilate avait su son *Horace,* il aurait pu y lire aussi que l'homme de bien ne doit pas se laisser détourner de son devoir par les vaines clameurs d'une multitude insensée.

> Justum ac tenacem propositi virum,
> Non civium ardor prava jubentium
> Mente quatit solidâ. »

(*Note de M. Dupin.*)

(2) Voy. la *Gazette des Tribunaux,* du 17 décembre 1828 (sur le jugement de Jésus-Christ).

téressés à la mort de Jésus, et parce qu'ils avaient été aveuglés par leur loi : Nos LEGEM HABEMUS, ET SECUNDUM LEGEM DEBET MORI, NOUS AVONS UNE LOI, ET IL DOIT MOURIR SUIVANT LA LOI ; combien a-t-on vu de malheureux Juifs, coupables *de leur nom*, proscrits, persécutés, assassinés par d'autres gouverneurs, d'autres prêtres, d'autres magistrats, qui disaient eux-mêmes, ou faisaient dire au peuple : *Nous avons une loi, et ils doivent mourir suivant la loi :* victimes offertes à celui qui mourut en tout pardonnant !

Ainsi les successeurs du Christ et des martyrs se firent à leur tour persécuteurs, et n'ont cessé de se persécuter entre eux jusqu'à nos jours, tantôt au nom d'une loi divine, tantôt au nom d'une loi humaine, tantôt au nom d'un homme-loi !

C'est ainsi que nous apparaît dans notre histoire le nom de Charles IX, ordonnant la Saint - Barthélemy. On a horreur de ce roi et de cette cour qui se baignèrent dans le sang, et dont l'ordre et l'exemple firent tant d'assassins en France. Mais le souvenir de la patrie et de l'humanité se reporte avec reconnaissance à l'illustre chancelier L'Hôpital, qui s'opposa, mais en vain, à l'ordre du massacre (1), et au brave commandant de

----

(1) Michel L'Hôpital, fils d'un médecin d'Auvergne, avocat au barreau de Paris, ensuite conseiller au parlement, puis surintendant des finances à la chambre des comptes, enfin chancelier, fit rendre le célèbre édit qui permit la profession publique de la religion protestante. S'il n'est pas exact de dire qu'il s'opposa à l'ordre de massacre de la Saint-Barthélemy, il paraît du moins qu'on n'aurait pas osé le donner pendant sa présence au conseil, puisque Catherine de Médicis l'avait forcé, quel-

Baïonne, qui refuse sa part d'exécution (1) :
« Sire, écrivit le noble d'Orte, je n'ai trouvé, parmi les habitans et les gens de guerre,
que de bons citoyens, de braves soldats,
et pas un bourreau : ainsi, eux et moi, sup-

---

que temps avant cette sanglante époque, à s'éloigner de
la cour, où il s'était opposé à toute guerre, et surtout à
toute *extermination*.

(1) Comparons en même temps deux réponses. Le
plus grand écrivain que possède en ce moment l'Église,
M. de la Mennais, dont nous admirons le talent, mais
dont la foi *le ramène sans cesse au piége qu'il évite*, s'é-
lève avec force contre l'obéissance passive, et rapporte
ce qui suit :

« Pendant les guerres de Flandre, Louis XIV ordonna
de démolir un monastère, qui était à la fois un magni-
fique monument d'architecture, et un objet de vénéra-
tion pour les habitans du pays, à cause des souvenirs religieux qui s'y attachaient. Des réclamations furent
adressées, mais inutilement, à l'officier-général, grand
seigneur et homme de la cour, qui commandait alors
en Flandre pour le roi ; on ne put jamais obtenir de lui
que cette réponse briève et péremptoire : « J'ai l'ordre
» de démolir, et je démolirai. *Si le roi m'ordonnait de ti-*
» *rer sur le Saint-Sacrement, je tirerais.* »

(253)

plions votre majesté d'employer nos bras et nos vies à choses faisables. »

Illustre et mémorable exemple aux défenseurs armés de la patrie!

Ce même siècle, qui vit les protestans massacrés en France par les catholiques, avait vu Henri VIII et les protestans persécutant les catholiques en Angleterre (1), et dressant l'échafaud du grand chancelier d'Angleterre, Thomas Morus (2), désobéissant à la loi.

---

(1) Qui ne connaît l'oppression des catholiques en Angleterre, et surtout dans la malheureuse Irlande? Ainsi le veulent les lois, mais non la justice. Un peuple entier l'a senti : un peuple de sept millions d'hommes en Irlande, s'est levé comme un seul homme, et demande la liberté civile et religieuse.

Un homme doit conquérir la liberté, ne fût-ce qu'en mourant. Un peuple ne meurt pas ; et, puisqu'il la veut, il l'obtiendra.

(2) Thomas Morus, fils d'un juge de la *Cour du banc*

§ III.

Il faut toujours obéir à la loi !... Mais le faut-il dans tous les temps, chez tous les peuples ? Oui, s'écrient les plus aveugles et les plus effrénés partisans du despotisme. On le croirait à peine, si des nations entières ne subissaient la pratique affreuse

---

du roi, se distingua au barreau, entra au parlement, fut appelé dans le conseil privé de Henri VIII, qui le nomma enfin grand chancelier. Lorsque le caractère de ce tyran, de hideuse mémoire, se dévoila, Thomas Morus se démit du grand sceau : il désirait la réforme des abus de l'Église ; mais sa foi et l'honneur ne lui permettaient pas de suivre le tyran dans tous les changemens où l'entraînaient les passions. Sa retraite ne fut pas le seul sacrifice qu'il fit à la vertu ; il refusa le serment de suprématie, et fut renfermé à la Tour, où, privé de ses livres, il vendit ses meubles pour nourrir sa nombreuse famille. On lui demanda encore le serment *au nom du statut* du parlement ; il refusa et monta sur l'échafaud.

de cette absurde théorie. La nécessaire conséquence en aurait été que les hommes une fois courbés sous un premier despotisme, auraient dû s'y maintenir et ramper jusqu'aux dernières générations....

Et qu'on ne m'accuse pas d'exagérer. Que n'en suis-je coupable ! Voyez en effet ces peuples asiatiques reçus au berceau par le despotisme qui les conduit dans la tombe et leur survivra peut-être toujours !

Non, j'aime à le croire, en France, les partisans eux-mêmes les plus extrêmes de l'obéissance passive, ne concevront pas la dégradation de quelques-uns de ces malheureux peuples, qui regardent comme autant de faveurs..., même les outrages qu'ils reçoivent de leurs despotes ! ! !

Et toutefois, il y a quelque chose que l'on peut opposer à la volonté du prince : Écoutons ces paroles de Montesquieu : « Il y a pourtant une chose que l'on peut quelquefois opposer à la volonté du prince (1), c'est la religion. *On abandonnera* son père, *on le tuera même, si le prince l'ordonne ; mais on ne boira pas de vin, s'il le veut et s'il l'ordonne.* Les lois de la religion sont d'un précepte supérieur, parce qu'elles sont données sur la tête du prince comme sur celles des sujets. Mais, quant au droit naturel, il n'en est pas de même : le prince est supposé n'être plus un homme. » (Montesquieu, *Esprit des lois*, liv. 3, chap. v.)

C'est avec une amertume affreuse qu'on voit ces malheureux peuples croire qu'il peut être permis *de tuer son père si le prince*

---

(1) *Voy.* Chardin.

l'ordonne, et... Mais je n'achève pas ; cette dégradation arrête et suspend la nature même.

On a toujours dit : c'est pour l'intérêt des hommes que les lois sont faites ; les nègres demandèrent aussi si c'était pour leur intérêt qu'on les réduisait en esclavage : « C'est pour vous donner le bonheur éternel dans le Ciel ! »

Les trois quarts et demi de l'espèce humaine gémissent victimes des lois (1) !

L'Asie semble la terre classique du despotisme.

-----

(1) Ecoutez ces paroles d'un publiciste de nos jours : « On a calomnié la guerre, la peste, la famine, en parlant des malheurs qui les accompagnent ; si j'osais dire ceux qu'ont faits les mauvaises lois, ces pages feraient horreur. »

(*Encyclopédie moderne*, au mot Lois.)

17

En Russie, la majorité des habitans est esclave.

Il y a des millions d'esclaves en Pologne.

On compte un nombre infini d'esclaves dans le nord de l'Allemagne.

Autrefois, les Espagnols se rassuraient la conscience avec la bulle des vivans, délivrée par le gouvernement papal au gouvernement espagnol, qui la vendait dans les États de l'Amérique méridionale (1). La bulle des vivans existe-t-elle encore? Les Espagnols n'ont plus l'Amérique méridionale, qui s'est délivrée; mais ils ont des nègres dans leurs colonies.

Les Hollandais ont des nègres.

____

(1) *Voy.* De Humboldt, Dauxion-Lavaysse, Depons.

On ne saurait parler de la France sans se rappeler la Martinique et la Guadeloupe.

L'Angleterre, en 1825, voyait siéger, dans la chambre des communes, jusqu'à cinquante-six possesseurs d'esclaves.

Les États-Unis eux-mêmes ont des nègres!

O vous, partisans de l'obéissance passive, venez encore prendre une leçon de ce Romain qui condamnait ses esclaves à dormir, de peur qu'ils ne développassent leur intelligence. Cet exemple a été renouvelé par un colon de la Louisiane (1).

Maintenant dites-moi si, dans tous les pays et dans tous les temps, les hommes n'ont pas pu opposer aux lois la nature,

---

(1) *Voy.* Robin.

comme on leur oppose chez les Arabes l'Alcoran, les livres de Zoroastre chez les Perses, chez les Indiens le Védam, et les livres classiques chez les Chinois!

Il s'agit de la conscience, de la loi des lois, de la loi du genre humain : il n'est pas permis aux hommes d'avoir ni d'être des esclaves.

Jamais il n'est permis d'être injuste, lors même que la loi le permet, lors même qu'elle l'ordonne.

L'histoire des malheurs produits par les lois serait impossible à écrire, et peut-être à lire : la nature brisée expirerait d'angoisses.

Une seule réflexion sur notre patrie :

La révolution française est, dit-on, l'événement le plus étonnant des annales du monde; on devrait trouver plus étonnant que la révolution française n'ait pas éclaté plus tôt. Comment concevoir, en effet, qu'une nation ait croupi, pendant quatorze siècles, dans toutes les horreurs de la servitude? Regardez l'ancienne France : vous y trouverez, comme dans tous les pays de la superstition, de la féodalité et de l'absolutisme, l'humanité dégradée, la nature violée. Il nous en reste encore un dernier et trop grand supplice, c'est le souvenir! Mais souvenons-nous par pitié pour nos pères, par respect pour nous-mêmes, et par amour pour nos enfans!

Il faut fermer la porte à l'injustice qui se présente même au nom d'une loi. Ce droit d'examen, ce droit imprescriptible, nous sauvera du retour de l'esclavage.

§ VI.

L'homme juste, qui n'obéit pas aux lois injustes, sera le premier à obéir aux lois justes. Il s'empressera de témoigner son obéissance à cause de sa désobéissance même. Dans l'un et l'autre cas, il suivra sa conscience et l'intérêt public.... Mais, dit-on, il peut se tromper... A cela je réponds : Chaque homme doit juger lui-même s'il doit ou ne doit pas agir, car la moralité de l'homme est dans la conformité de ses actions avec son jugement. Dieu ne l'a jamais déchargé d'être son propre juge ; aussi l'homme ne doit pas accepter cette dispense d'un autre homme. Eh quoi! lorsque sa conscience le révolte contre le législateur, ce serait au législateur qu'il obéirait ! « Dans une nation libre, il faut raisonner, » a dit Montesquieu ; oui, il le faut pour rester citoyen, et il le faut partout pour rester homme. Aussi, c'est avec raison qu'un ancien a dit : « Il n'y a point de vertu propre aux esclaves ; » non, il n'y en a point, s'ils consentent à rester esclaves et à ne point briser leurs fers, qui est leur premier devoir : il n'y en a point, puisqu'ils se font les instrumens de leurs maîtres. « Travaillons à penser, a dit Pascal : voilà le principe de la morale (1). » Cette profonde vérité renferme de quoi renverser tous les systèmes théocratiques et despotiques, qui tendent à abrutir l'espèce humaine. Notre devoir est en nous-mêmes. « Toute la moralité de nos actions

____

(1) Pensées de Pascal, art. 4, n. 6.

est dans le jugement que nous en portons nous-mêmes, » a dit Jean-Jacques Rousseau (1). Dire qu'il faut obéir à la loi plutôt qu'à la conscience, c'est jeter dans le monde un principe contraire à notre nature, c'est descendre l'homme de toute sa hauteur.

Ces hommes, pour qui vivre et suivre la conscience, c'est la même chose, ces hommes qui n'ont jamais connu le doute ni d'eux-mêmes, ni de la vertu, ils feront le premier apprentissage de leur déchéance en obéissant à la loi! Au nom de la loi, ils trahiront leur conscience, ils seront infidèles à eux-mêmes! Ah! plus tard, à qui seront-ils fidèles?... Et cependant la première infraction faite à leur conscience,

____

(1) Voy. *Émile.* liv. IV.

ils l'auront faite au nom de la loi! Mais toutes les idées de justice ne sont-elles pas renversées? Pourquoi la législation est-elle faite, pourquoi, du moins, devrait-elle être faite, si ce n'est pour forcer les hommes à obéir à la conscience? La loi ne devrait-elle pas être toujours la consécration de la conscience? Et si une loi ne l'est pas, il faut rester fidèle à la conscience. Si Pascal a dit avec raison que la dignité de l'homme est dans la pensée, et s'il a ajouté : « Et quand l'univers l'écraserait, l'homme serait encore plus noble que ce qui le tue parce qu'il sait qu'il meurt ; et l'avantage que l'univers a sur lui, l'univers n'en sait rien (1) ; » c'est surtout dans la conscience de l'homme que se révèle toute sa dignité.

____

(1) *Pensées de Pascal*, première partie, art. 4, n. 6.

La loi peut bien lui demander le sacrifice de ses intérêts, de ses affections et de sa vie, mais non celui de sa conscience. Si le devoir est d'accord avec la loi, l'homme doit s'immoler : il emporte avec lui sa conscience. Ah! n'altérez point dans l'homme ce génie du cœur et des grandes actions. Dans le silence même de la loi, ce sera la source où il puisera ses plus sublimes inspirations. Ne ressemblez point à ces hommes, s'il en est, qui doutent de la conscience, plus coupables et plus abjects que ces vils philosophes qui doutaient, disait-on, de leur existence. Mais non, il n'en est point : craignez donc de donner quelque autorité à leurs paroles.

Quiconque prononcera le mot de conscience est sûr de réveiller dans tous les hommes une voix intérieure qui réjouira les uns, effraiera les autres, et troublera même les plus indifférens. Jamais elle n'est ni plus pure, ni plus solennelle que dans le cœur d'un homme de bien, où elle règne sans partage. Et quel bonheur au monde peut égaler les applaudissemens d'une conscience vertueuse ! Doutez-vous de l'existence de la conscience? Vous n'avez donc jamais été heureux ! Voyez cet homme, vraiment homme, qui n'a jamais voulu dévier de sa nature, et dont le seul guide, c'est la conscience ; il a pensé que son premier devoir, comme celui de tous ses semblables, c'était de se connaître lui-même ; il a écouté la voix intérieure, il a éloigné tous les intérêts, dissipé tous les préjugés : sa conscience éclairée lui a montré son devoir : il s'y est enchaîné. En vain les coups redoublés de la fortune ont tenté d'ébranler sa constance, en vain le malheur s'est acharné sur lui, loin de fuir, il s'est précipité au milieu de la tempête pour y chercher du danger pour lui, et du bien pour les autres. Sa conscience s'élève de plus en plus : on dirait alors une voix qui parle dans le ciel, et dont l'écho retentit dans son âme sans qu'aucune force humaine puisse s'y opposer. L'alliance du ciel à la terre se révèle à lui par cette communication sublime ; et souffrant sur la terre, il est heureux dans le ciel. Ne craignez point qu'il succombe! Que les hommes mêmes pour qui il fait tout, fassent tout contre lui, il plaindra leur bassesse en s'élevant jusqu'aux cieux. Et qu'est-il besoin du bonheur d'une autre vie à celui qui a vécu dans celle-ci suivant sa conscience? Mais Dieu, dans sa puissance

sans bornes, lui réserve des rémunérations
éternelles.

§ V.

Nier la conscience, ce serait nier la morale, nier la morale ce serait nier Dieu.

Aussi, dans la séance de la Chambre des
députés du 14 février 1827, M. Royer-Collard n'hésita pas à proclamer, du haut de
la tribune, la désobéissance à toute loi qui
nie la morale; il le fit en des termes remar-
quables :

« *Une loi qui nie la morale est une loi
athée.....* *L'obéissance ne lui est pas due;*
car, dit Bossuet, *il n'y a pas de droit contre le droit.* Hélas! nous avons traversé des
temps où, l'autorité de la loi ayant été

usurpée par la tyrannie, le mal fut appelé bien, et la vertu crime. Dans cette douloureuse épreuve, nous n'avons pas cherché la règle de nos actions *dans la loi, mais dans nos consciences.* Nous avons obéi *à Dieu plutôt qu'aux hommes.* Fallait-il, sous le gouvernement légitime, nous ramener à ces souvenirs déplorables? Nous y serons fidèles. Nous sommes les mêmes hommes qui ont *fabriqué des passeports et rendu peut-être de faux témoignages* pour sauver des vies innocentes. Dieu nous jugera dans sa justice et dans sa miséricorde! *Votre loi, sachez-le, sera vaine, car la France vaut mieux que son gouvernement...* *La justice est la loi des lois, la souveraine des souveraines.* Elle oblige les gouvernemens comme les sujets, et les gouvernemens absolus aussi étroitement que les gouvernemens libres. *Il n'y a point de né-cessité contre la justice,* parce que, selon les belles paroles de Bossuet, *il n'y a point de droit contre le droit* (1)... »

Dans la séance du 28 février, M. Royer-Collard ajoute :

« *Il s'agit de savoir si, moralement, la loi peut tout.* Nous disons, nous, que *la loi ne peut pas tout ;* qu'elle est elle-même soumise au droit, ou en d'autres termes, *à la justice,* et que là où le droit est renversé par elle, il y a oppression, il y a tyrannie.

» *Quoiqu'il ne fût guère besoin d'autori-tés* pour confirmer *un principe aussi certain,* je me suis appuyé de cette belle maxime de Bossuet, qu'*il n'y a point de*

---

(1) Séance de la Chambre des députés, du 14 février 1827. Voy. le *Moniteur.*

droit contre le droit. Je l'avais abrégée, tout en la rapportant fidèlement; mais, puisque le sens en a été contesté, je vais la reprendre en entier. « On se tourmente » en vain, dit Bossuet, à prouver que le » prince n'a pas le droit d'opprimer les peu- » ples ni la religion; *car, qui jamais a ima- » giné qu'un tel droit pût se trouver parmi » les hommes, ni qu'il y eût un droit de ren- » verser le droit même, c'est-à-dire une rai- » son d'agir contre la raison,* puisque le » droit n'est autre chose que la raison même, » et la raison la plus certaine? » (Cinquiè- me avertissement aux protestans, § 32.)

» Bossuet, continue M. Royer-Collard, pouvait-il marquer en termes plus précis que le prince, c'est-à-dire *la loi, est distincte du droit, qu'elle peut être en opposition avec le droit,* et que, si cela arrive, *elle est sans*

droit pour renverser le droit! Cette différence du prince au droit est-elle autre
chose, messieurs, *que la différence des sou-
verainetés humaines à la souveraineté divine, ou de l'homme à Dieu?...* »

M. Royer-Collard s'écrie enfin : « Nous
soutenons avec les moralistes de tous les
âges, avec les saints docteurs, dont nous ne
faisons que répéter le plus pur langage ;
nous soutenons sur le tombeau des martyrs, que, si la loi vient trouver un particulier pour l'interpeller par un commandement injuste, ce particulier *doit à tout
risque refuser son obéissance;* que si la loi le
dispense d'un devoir de morale naturelle,
il ne doit pas se tenir pour dispensé (1)... »

C'est évident... oui, c'est évident pour

____

(1) Séance du 28 février 1827. Voy. le *Moniteur.*

tout homme qui s'écoute lui-même, et qui ne se laisse pas aveugler par les préjugés, par l'intérêt, par la lâcheté, ou par la superstition. Dire qu'il faut toujours obéir au législateur, c'est dire que le législateur est un dieu; et c'est ce qui a été fait chez tant de peuples. Le législateur s'est donné ou a été pris pour un Dieu. Mais tous ces dieux ont disparu ou disparaîtront; il n'en est qu'*Un*.

« Dieu est souverain, parce qu'il est infaillible, parce que sa volonté, comme sa pensée, est la vérité, rien que la vérité, toute la vérité.

» Voici donc l'alternative où sont placés tous les souverains de la terre, quels que soient leur forme et leur nom. Il faut qu'ils se disent infaillibles, ou qu'ils cessent de se prétendre souverains.

» Autrement ils seraient contraints de dire que la souveraineté, j'entends la souveraineté de droit, peut appartenir à l'erreur, au mal, à une volonté qui ignore ou repousse la justice, la vérité, la raison. » Ces paroles appartiennent à un célèbre professeur d'histoire.

Les souverains, quels que soient leur forme et leur nom, sont hommes, et sont faillibles comme le reste des hommes : comment donc oseront-ils se dire infaillibles ?

Et cependant « il faut que les souverains se disent infaillibles, ou qu'ils cessent de se prétendre souverains. » (*Idem.*)

Ils ne le peuvent pas; « comment donc ont-ils osé se prétendre souverains? » (*Idem.*)

C'est se dire infaillibles : « On a vu les

gouvernemens, une fois en possession de la souveraineté de droit, interdire aux hommes tout examen, tout contrôle de leur conduite, et soutenir que ce pouvoir définitif, indispensable aux sociétés humaines, résidait dans leur volonté seule, sans que nul eût le droit d'en contester le mérite, ou d'en discuter les motifs.

» Qu'est-ce qu'une telle prétention, sinon celle de l'infaillibilité ? » (*Idem.*)

C'est ainsi qu'on serait poussé à reconnaître un pouvoir absolu (1).

« La conséquence est odieuse, inadmis-

---

(1) Il fallait une espèce de loi à Rome pour qu'un *dieu fût*. C'est ce qui a fait dire à Tertullien : « Nisi homini deus placuerit, deus non erit. »

Un pouvoir humain pouvait admettre ou rejeter un dieu ! Homo jàm deo propitius esse debebit.

L'absurdité de l'obéissance passive aux gouvernemens éclate de toutes parts.

sible en fait comme en droit ; nul pouvoir absolu ne saurait être légitime. Donc le principe est menteur ; donc il n'y a, sur la terre, point de souveraineté de droit, point de force pleinement et à jamais investie du droit de commander. » (*Idem.*)

Qu'en résulte-t-il?... « à la vérité, à la justice, est réservée la souveraineté, et les hommes ont droit de n'obéir qu'à la loi de Dieu. » (*Idem.*)

Il n'est, sur la terre, aucun pouvoir auquel nous devions obéir contre notre conscience ; en ce sens, notre conscience est souveraine. Cette doctrine fait l'homme vassal de Dieu seul.

Par cette doctrine, et par elle seule, l'homme est homme.

Si, au contraire, vous soumettez la conscience à un pouvoir humain, l'homme n'est plus homme ; il est ravalé à la brute : le genre humain est un vil troupeau.

Non, ce n'est pas à nous surtout, à nous, à souffrir ce système d'infamie (1).

---

(1) M. l'abbé de la Mennais, dans son dernier ouvrage, ne s'accorde-t-il pas avec nous, lorsqu'il dit que le pouvoir humain qui réclame l'obéissance passive, « crée une espèce de théocratie civile monstrueuse, d'après laquelle le vrai et le faux, le bien et le mal, le juste et l'injuste, dépendront uniquement de sa pensée et de sa volonté : c'est-à-dire qu'il jette dans les âmes mêmes la base d'un despotisme sans limites, qu'il consacre à son profit la plus humiliante comme la plus détestable tyrannie, et qu'il ne lui reste, après avoir exigé des hommes cette obéissance dégradante, qu'à exiger encore leurs adorations, car il se fait Dieu. »

Ah ! c'est ici qu'il faudrait surtout appliquer ces autres paroles de cet homme libéral, profond, et plus utile qu'il ne le croit à la doctrine de la souveraineté de la raison, qu'il combat cependant :

« Ici tous doivent être d'accord, quelles que soient d'ailleurs leurs opinions; il ne doit y avoir qu'un sentiment pour repousser cette indigne oppression morale et intellectuelle; et puisqu'on parle de liberté, qu'on commence donc par briser les fers dont on s'efforce d'enchaîner les âmes mêmes. »

§ VI.

Nous sommes dans une ère nouvelle, qui a commencé par les premiers triomphes de la conscience, dont les derniers triomphes conduiront l'univers au plus haut degré de perfectibilité humaine. Si nous voulons l'accomplissement de cet avenir, souvenons-nous que la conscience doit en être l'âme. Souvenons-nous-en pour nous-mêmes et pour nos descendans, afin de ne pas rétrograder, mais d'avancer encore ; pour nous, car s'arrêter seulement, c'est reculer dans la carrière de la civilisation ; pour nos descendans, si nous ne voulons pas qu'ils tombent dans l'esclavage d'où nous sommes sortis. Souvenons-nous-en surtout pour ces malheureux peuples qui croupissent encore dans toutes les servitudes. Regardons-les du haut de notre civilisation. Appelons-les. Nous devons les encourager de l'œil et de la voix. Qu'ils entendent la vérité, qu'ils sachent que dans la conscience seule réside le devoir.

Ce principe seul peut briser tous les fers qui enchaînent la vie morale, ou détruisent la vie physique de l'homme.

La vie morale de l'homme est composée de droits et de devoirs ; où en est le siége ? Dans la conscience. En vain le chercherait-on ailleurs.

C'est avec la conscience qu'on fait ou qu'on doit faire la loi. La loi consacre ou doit consacrer les droits et les devoirs de l'homme. Comment l'homme peut-il savoir si la loi fait ou ne fait pas ce qu'elle doit faire? avec la conscience.

Si la loi et la conscience sont opposées, l'homme doit obéir à sa conscience. S'il obéit à la loi, il s'abdique. Il manque à ses devoirs, il perd ses droits, sa vie morale s'éteint, il n'est plus homme.

Au contraire, s'il obéit à sa conscience, il remplit ses devoirs, conserve ses droits, vit de la vie morale, il est homme.

Sans la vie morale, qu'est la vie physique? Une existence matérielle.

Elle est si peu de chose, que les despotes la laissent à la plupart de leurs esclaves, et la font à quelques-uns aussi *heureuse* que possible.

Toutefois, ils restent les maîtres de la tourmenter encore ou de l'anéantir.

En effet, la perte de la vie morale en-

traîne toujours la longue agonie, et quelquefois la mort soudaine de la vie physique.

Et pourquoi l'homme a-t-il trahi sa première loi, la conscience, Dieu?

Mais comment cela s'est-il fait?

Sachons-le pour détester à jamais le
crime de ceux qui voudront encore se
substituer à la conscience.

On a trompé l'homme au nom de Dieu.

Dieu avait jeté l'homme, intelligent et
libre, au milieu de l'univers avec un seul
guide, la conscience. L'homme devait être
homme par lui-même, et ne reconnaître
d'autre maître que Dieu. Aussi, sa première
erreur fut de voir Dieu dans un prêtre.

En effet, Dieu avait tellement gravé l'é-
galité, la conscience dans l'homme, que les
premières Sociétés eurent partout, pour

premiers législateurs, des hommes qui s'annoncèrent comme les organes de Dieu.

Dès lors, le despotisme de quelques misérables, sous le nom de théocratie, ou de puissance de Dieu, pesa sur le reste des hommes.

Dès lors, les prêtres se mirent à crier : *Obéissez aux lois !*

Lorsque les hommes eurent livré leur conscience à d'autres hommes, il ne leur restait plus rien, et ils furent les jouets de toutes les dominations.

Les prêtres, sous diverses dénominations, en Asie, en Afrique, en Europe, et même en Amérique, régnèrent tantôt seuls, et tantôt furent contraints à s'associer avec quelques hommes qui avaient pénétré leur imposture sacerdotale. L'intérêt les unit les uns et les autres, et ils crièrent ensemble : *Obéissez aux lois !*

L'homme se dégrada, et tout fut dieu, *excepté Dieu même !*

Enfin, l'homme tomba dans un tel oubli de sa propre nature, que la connaissance qu'il en reprit lui parut une révélation !

Parcourons tous les systèmes qui ont été un obstacle à la vérité, et une source d'erreurs et de malheurs.

§ VII.

Le plus hardi et le plus tenace de tous les systèmes, c'est la théocratie.

Il fait parler un dieu par la bouche d'un prêtre.

Il s'empare de l'homme au physique et au moral, dans le présent et dans l'avenir.

Pour le conduire sur la terre, il le flatte du ciel, il le menace de l'enfer.

Le moindre doute, même au plus profond de l'âme, est puni de la mort éternelle.

L'esclave de la théocratie, en se révoltant, croirait se révolter contre Dieu même, ou serait puni au nom de Dieu. Ainsi, le Dieu des chrétiens fut-il puni au nom du dieu des Juifs!

La théocratie égyptienne ravala l'homme au-dessous de tout ce qui est... L'homme adora les animaux et les plantes.

La théocratie indienne s'étend sur d'immenses contrées. Que les missionnaires chrétiens n'espèrent pas, animés par les immenses progrès du christianisme dans les premiers siècles, propager leur foi avec la même rapidité, là où règne la théocratie. Quand le christianisme naquit, Rome était maîtresse de la terre (du monde alors connu), et Rome acceptait tous les dieux. Aussi, on peut regarder le Christ seulement comme homme, sans être étonné de ses triomphes. Deux causes y contribuèrent, la pureté de sa morale, et, qu'on y réfléchisse, la distinction qu'il avait faite entre le pouvoir civil et le pouvoir religieux. La morale du christianisme était supérieure à celle de l'empire romain, à cette époque généralement corrompu. En comparant ces deux morales, la conscience des hommes devait reconnaître celle du christianisme comme plus conforme à leur nature. Il s'agissait de la leur annoncer, et le succès était assuré. Il en sera toujours

ainsi lorsque la vérité pourra se faire entendre. S'il était une morale encore au-
dessus de celle du christianisme, et que
la discussion fût libre, elle en triomphe-
rait ; qu'on s'en repose sur la conscience
humaine.

Pour s'étendre, il suffisait que le christianisme obtînt la permission de paraître.
« Rendez à César ce qui est à César, et à
Dieu ce qui est à Dieu, » avait dit Jésus.
Les Césars laissèrent passer. Quelques-uns
persécutèrent sans doute, mais à la voix
des prêtres romains. Mais enfin le christianisme alla s'asseoir sur le trône des empe-
reurs.

Les prêtres romains avaient tremblé
pour leurs idoles, qui bientôt tombèrent
en effet.

Si la théocratie eût existé à Rome, c'est-à-dire si les prêtres avaient été les gouvernans, ou si le pouvoir civil et le pouvoir religieux avaient été tellement confondus, qu'ils eussent formé un seul tout, ou je m'abuse , ou le christianisme lutterait encore contre cette théocratie... Voyez le peu de conquêtes qu'il a faites sur la théocratie indienne et sur la théocratie mahométane.

§ VIII.

Dans le christianisme, l'inquisition elle-même a revendiqué une origine divine ; en effet, suivant le père Macédo, Dieu fut le premier inquisiteur, Moïse le second ; le troisième fut saint Pierre, qui transmit l'inquisition aux papes, qui la transmirent à saint Dominique, qui la transmit aux Dominicains.

L'inquisition a baigné de sang l'Italie, la France, l'Espagne, le Portugal, presque toute l'Europe.

Elle voulut soumettre, pour ainsi dire, la nature elle-même. Elle mit en prison Galilée pour avoir prouvé que Dieu avait placé le soleil au centre de l'univers.

Et au nom de qui l'ignorante et barbare inquisition punissait-elle le génie, ce don sublime de Dieu?

Au nom des livres sacrés, au nom de Dieu même.

Suivant les livres sacrés, le conducteur des Hébreux après Moïse, Josué, dans un jour de combat, dit au soleil de s'arrêter (1), et le soleil s'arrêta : un

____

(1) *Voy.* Lib. Josue, cap. X : « Tunc locutus est

jour devint long comme deux jours (1).

Trois mille ans s'écoulèrent.

Galilée déclara que le soleil ne marche pas.

L'inquisition le condamna.

Et cependant il avait dit la vérité !

Elle condamna la vérité, la nature, Dieu.

L'inquisition passa les mers à la découverte des Indes et de l'Amérique, qu'elle couvrit de sang.

Elle en a été bannie, et siége à nos portes !

Josue domino, in die quâ tradidit Amorrhæum in conspectu filiorum Israël, dixitque coram eis : Sol, contra Gabaon ne movearis, et luna contra vallem Ajalon ; stetceruntque sol et luna... »

(1) « . . . . . Et una dies facta est quasi duo. » (Lib. eccles., cap. XLVI.)

O hommes! gardez-vous donc d'obéir aveuglément à des hommes qui réclament votre obéissance au nom de la théocratie, ou du droit divin, au nom de Dieu. Consultez votre conscience, qui est un don de Dieu même.

§ IX.

Consultez-la encore lorsque les hommes réclament votre obéissance au nom du *contrat social* des nations.

Faites aux partisans du contrat social les questions suivantes :

Où a-t-il été formé? à quelle époque?

Par une nation, par plusieurs nations ou par toutes les nations ?

Par quel nombre de votans?

Par l'unanimité ?

Par la majorité?

Avec la participation des deux sexes, ou à l'exclusion d'un sexe?

Sous quelles conditions d'âge ? de capacité?

Pour un temps limité ?

Pour toujours ?

Même pour la postérité ?

Par quelle sagesse tellement prévoyante?

Par quel pouvoir tellement souverain ?

Sur quelle base ?

Sur la justice sans doute ?

Elle existait donc?

Où ?

Dans la conscience, sans doute ?

Dans quel but ?

Pour l'utilité commune sans doute ?

(293)

A quels signes devait-on reconnaître s'il était violé ?

Par quel moyen ?

Par la conscience sans doute ?

Tout vient donc de la conscience, revient à la conscience, repose sur la conscience.

C'est elle qu'il faut prendre pour fondement, pour moyen, pour but; hors de là c'est suspendre un édifice sur un abîme, c'est élever le monde moral sur rien ; suivez en effet la génération des idées de ceux qui soutiennent l'existence d'un contrat social, que personne n'a vu, n'a entendu, n'a connu; et forcez-les à arriver aux dernières conséquences. C'est ainsi qu'un publiciste de nos jours a fait tomber à jamais cette grande supposition du pacte social :

« Dans la société, tous les droits reposent sur les lois ; les lois reposent sur le pacte social, mais le pacte social, sur quoi repose-t-il ? Ce système n'est-il pas comme celui des Indiens, qui font reposer la terre sur un éléphant, l'éléphant sur une tortue, et la tortue sur rien (1). »

Il faut donc consulter sans cesse sa conscience, qu'on ne peut engager à jamais.

§ X.

Un autre système, le même ou presque le même que celui du contrat social, se fonde sur cette supposition le plus souvent non moins grande : que *les lois sont l'expression de la volonté générale.*

____

(1) M. Ch. Comte, *Traité de la législation,* liv. 1er, chap. vi,

Eh, grand Dieu! n'insultez donc pas ainsi à la raison, *au sens commun*, vous qui, lorsqu'il s'agit de *l'obéissance aux lois*, prétendez qu'elles sont l'expression de la volonté générale, et qui, lorsqu'il s'agit de la *confection des lois*, soutenez qu'il est impossible que la volonté générale puisse jamais y concourir !

Dites-moi donc dans quels pays les lois sont l'expression de la volonté générale?

Les lois ne sont ou ne doivent être supposées conformes à la *volonté générale*, que lorsqu'elles sont conformes à la conscience.

Et quel moyen de s'en assurer, sinon la conscience?

On prétend que c'est par *le silence universel* qu'on doit présumer le consentement du peuple. Mais *le silence universel* ne règne-t-il pas dans les pays du despotisme ? N'est-ce pas là qu'il est le plus profond ? Combien est à déplorer l'erreur contenue dans ces paroles de Rousseau :

« Ce n'est point à dire que *les ordres des chefs* ne puissent passer pour *des volontés générales*, tant que le souverain, libre de s'y opposer, ne le fait pas. En pareil cas, *du silence universel*, on doit présumer le consentement du peuple (1). »

« D'où l'on peut conclure, répond énergiquement un publiciste, que, dans l'empire turc, *les volontés du sultan* sont l'expression de la volonté générale jusqu'au jour où on l'étrangle (2) ! »

---

(1) J.-J. Rousseau, *Contrat Social*, liv. ii, chap. i.
(2) Ch. Comte, *Traité de législation*, liv. i, chap. vii.

Rousseau, qui a dit contre l'esclavage tout ce que la plus éloquente raison pouvait dire, parce qu'il n'a consulté que son cœur, l'aurait donc consacré par les théories trompeuses de son imagination. Grand et nouvel exemple du danger de s'éloigner de la nature de l'homme, et de chercher ailleurs que dans l'homme la règle constante de ses devoirs, et le principe immuable de ses droits!

Il n'est point deux manières d'établir les droits et les devoirs des hommes et des nations; et qui l'a mieux prouvé que Rousseau lui-même lorsqu'il en a appelé à sa seule raison?

Il a dit en parlant des nations:

«... Il est absurde que la volonté se donne des chaînes pour l'avenir, et... il ne dépend d'aucune volonté de consentir à rien de contraire au bien de l'être qui veut (1). »

Il a dit en parlant des hommes :

« Renoncer à sa liberté, c'est renoncer à sa qualité d'homme, aux droits de l'humanité, même à ses devoirs. Il n'y a nul dédommagement possible pour quiconque renonce à tout. Une telle renonciation est incompatible avec la nature de l'homme, et c'est ôter toute moralité à ses actions que d'ôter toute liberté à sa volonté (2). »

§ XI.

Enfin, veut-on dire qu'il faut obéir aux

____

(1) *Contrat Social*, liv. ii, chap. i.
(2) *Contrat Social*, liv. i, chap. ii.

lois, parce qu'elles sont l'expression de la majorité?

On pourrait faire une partie des questions et peut-être toutes les questions que j'ai faites.

On trouverait que rarement les lois ont été l'expression de la majorité.

Il faudrait donc d'abord considérer si réellement elles sont l'expression de la majorité.

Lors même qu'elles l'auraient été, peut-être ne le sont-elles plus?

Si la volonté de la même majorité a changé?

S'il s'est formé une autre majorité?

Si des générations nouvelles ont remplacé les générations anciennes?

D'ailleurs, le plus grand nombre est-il toujours le plus juste?

Il est le plus fort..... et faut-il lui obéir parce qu'il est le plus fort?

La majorité ne peut-elle pas se tromper?

La majorité ne peut-elle pas opprimer la minorité?

Puisque les lois ne sont pas ou sont rarement l'expression de la majorité, puisque la majorité peut se tromper, qu'elle peut être injuste, qu'elle peut changer, il faut juger les lois par la conscience.

§. XII.

Rien donc ne peut forcer les hommes à violer leur conscience. Nous avons parcouru tous les systèmes qui tendent à opprimer la conscience. Il est temps de nous nous expliquer sur le serment. Et d'abord nous rapporterons ici ce qu'a dit *sur le serment des juges* (1) et sur l'étendue des obligations qu'il leur impose, un grand magistrat, M. Henrion de Pansey, qui s'exprime dans son ouvrage intitulé *De l'Autorité judiciaire*, chap. xi, de la manière suivante : « *Du serment des juges et de l'étendue des obligations qu'il leur impose.*

» Le premier acte de celui qui est appelé

______

(1) Je tâcherai de faire ressortir en peu de mots la différence qui existe entre les juges et les jurés, et le lecteur doit se souvenir ici de la nature de l'institution du jury. J'émettrai en même temps sur le devoir des juges une opinion que la conscience commande : ce qui veut dire qu'elle ne doit céder à aucune considération, et que les avantages en seraient bien plus grands que les prétendus inconvéniens. Ce qui est juste est le plus utile : telle est la loi de la Divinité.   C.

à remplir des fonctions judiciaires, est de jurer publiquement, et dans la forme la plus solennelle, que, *fidèle applicateur des lois, il conformera tous ses jugemens à leurs dispositions* (1).

» Ce serment proféré, *l'obligation d'o-béir*, cette obligation commune à tous les citoyens, prend pour le juge un caractère tout particulier : *elle devient un devoir de conscience qu'il ne peut pas violer sans se rendre coupable d'un parjure* (2).

» Ainsi, le magistrat *ne peut pas dire* (3) : Telle disposition législative est déraisonnable, injuste, inique ; il faut l'écarter, ou

-----

(1) Ayant sollicité, obtenu, exerçant leurs fonctions, et payés à *cette condition*, les juges doivent la remplir.

(2) Il est un moyen d'éviter le parjure.

(3) Pourquoi pas ?   C.

du moins la modifier (1) : ma raison me le conseille, et l'équité me le commande (2). Ce serait se constituer juge de la loi, *et il a juré d'en être l'esclave* (3).

» *Cependant il y a chez tous les hommes un sentiment du juste et de l'injuste, qui,* ANTÉRIEUR A TOUTES LES INSTITUTIONS, ET SUPÉRIEUR A TOUTES LES RÈGLES, NE DOIT FLÉCHIR DEVANT AUCUNE (4). QUE FERA DONC LE MAGISTRAT, *lorsque ce sentiment intérieur, cette voix de l'âme* LUI DÉFENDRA CE QUE LA LOI COMMANDE, CE QU'IL A JURÉ DE FAIRE (5)?

» Je vais essayer de répondre à cette question.

---

(1) Ce n'est pas à vous à le faire.

(2) Ce serait agir *contre vos fonctions.* Abandonnez-les !

(3) Il peut cesser de l'être.

(4) C'est ce qu'il ne faut jamais oublier.

(5) Il devra donner sa démission.   C.

» *D'abord, il me paraît de toute évidence que l'intention de la loi, qui exige le serment des juges, n'est pas de leur imposer l'obligation de se conformer à* CELLES *qui choqueraient le droit naturel ou le droit divin* (1). Pour qu'il en fût autrement, *il faudrait supposer un législateur* d'un orgueil assez extravagant et d'une dépravation assez profonde, *pour prétendre que ses volontés doivent prévaloir* sur les décrets immuables de la nature et de la Providence (2). *Croyons, pour le bonheur des hommes et l'honneur de l'humanité, que ja-*

---

(1) Le contraire me paraît de toute évidence. Le serment des juges embrasse, et je dirai même plus, doit embrasser, d'après la nature de leurs fonctions, TOUTES LES LOIS SANS EXCEPTION AUCUNE.

(2) La supposition étant vraie, que doivent faire les juges ? Voilà la question.

(3o5)

*mais les destinées des nations ne seront con-
fiées à des mains aussi perverses* (1).

» Tout ce qui tient *au droit naturel et
divin, ainsi mis hors du cercle de la difficulté* (2), le problème devient beaucoup
plus facile à résoudre.

» La conscience dit aux magistrats : Soyez
justes, toujours justes ; que jamais l'injustice ne souille les fastes judiciaires. Et ce
commandement, la conscience le donne
de la manière la plus impérative ; mais elle
ne va pas plus loin : elle ne va pas jusqu'à donner au juge un moyen infaillible

---

(1) Trop de nations ont subi ou subissent encore cet
infâme joug.

(2) M. Henrion de Pansey ne nous paraît pas s'expliquer assez ; s'il pense qu'*en un cas quelconque* les juges
puissent juger *contre la loi,* telle n'est pas notre opinion ;
selon nous, les juges, toutes les fois que leur conscience est en opposition avec la loi, doivent donner leur
démission.   C.

de fixer son opinion sur la justice ou l'injustice d'une loi positive (1).

» Averti plutôt qu'éclairé par sa conscience, que fera donc le magistrat? Il fera ce qui lui est indiqué par sa conscience elle-même; il interrogera ses lumières et sa raison, et même la raison et les lumières des autres (2).

» Porter un bon jugement sur une loi est peut-être l'opération de l'entendement la plus difficile et la plus compliquée. En effet, cette loi, il faut la considérer dans ses rapports avec le système général de la législation, avec les besoins de la société,

---

(1) Cependant la conscience commande, *de la manière la plus impérative*, de ne pas agir contre la conscience.

(2) C'est juste ; la conscience le dit elle-même : mais toutes ces précautions prises, doit-on agir contre la conscience? Jamais.   C.

avec la situation actuelle des esprits, avec les circonstances dans lesquelles elle a été rendue ; il faut rechercher l'intention du législateur dont elle est l'ouvrage ; il faut connaître l'opinion de ses interprètes ; enfin, il faut savoir la manière dont elle a été appliquée, surtout dans les temps voisins de sa promulgation ; et toutes ces connaissances, qui, ne pouvant être que le fruit de longues études et de profondes méditations, se trouvent à peine dans l'homme le plus laborieux, déjà parvenu au terme de sa carrière, la conscience du magistrat le plus vertueux ne les lui donne pas.

» Sage autant que modeste, le juge qui connaît ses devoirs ne se permettra donc jamais de prononcer sur un premier aperçu, et, comme par une espèce d'instinct, que telle loi est inique, et qu'il ne se

croit pas obligé de se conformer à ses dispositions. Au contraire, il la présumera
juste par cela seul qu'elle existe , et si
son application donne lieu à des dissenti-
mens et à des difficultés, dans une juste
défiance de lui-même, il ne rejettera pas
un avis uniquement parce qu'il n'est pas
le sien; mais, associant son esprit à la
conscience, et son savoir au savoir des autres, il méditera longuement et mûrement
sur toutes les raisons de douter, et même
il sacrifiera son opinion à celle de la majorité et se réunira au plus grand nombre si on lui présente une loi qui, par de
hautes considérations, et pour le bien de
la justice, lui en impose l'obligation.

» Cette loi existe, elle est de l'année
1510, et du bon roi Louis XII. Son article 32 porte : *S'il advient qu'en jugeant le*

procès il y ait trois opinions, la moindre se doit réunir à l'une des grandes.

» L'enregistrement de cet édit éprouva de la difficulté. Bodin en parle (1) ; voici de quelle manière : « Entre les louables » ordonnances faites par Louis XII, il y en » a une qui porte que si les juges sont de » trois ou plusieurs opinions, ceux qui tien- » dront la moindre, seront contraints de se » réduire et ranger du côté de l'une des » plus grandes pour conclure les arrêts. La » Cour se trouva empêchée sur la vérifica- » tion de l'ordonnance, parce qu'il sem- » blait fort dur et bien étrange à plusieurs

____

(1) *République*, liv. III, chap. IV.

Qu'importent et Bodin, et cette loi, et Louis XII ? Il s'agit de la conscience. Nous pensons qu'un homme ne devrait sacrifier sa conscience même à l'opinion du monde entier.   C.

» de forcer la conscience des juges ès faits
» qui sont remis à leur prudence et reli-
» gion. Toutefois, après avoir considéré
» l'inconvénient qu'on voyoit ordinairement
» réussir pour la variété d'opinion, et que
» le cours de la justice et les conclusions
» des arrêts étoient souvent empêchés, la
» Cour vérifia l'ordonnance, laquelle,
» par succession du temps, a été trouvée
» fort juste et utile..... Et, depuis l'ordon-
» nance de Louis XII, *je n'ai point entendu*
» *qu'il y ait eu magistrat qui se soit voulu*
» *démettre de son état*, craignant d'être forcé
» de tenir une opinion contre sa conscien-
» ce, *alors même que les états de justice*
» *étoient donnés à vertu.* »

» Bodin ajoute, quelques lignes plus
bas : « Me souvient que le président d'une
» des chambres des enquêtes de Tou-

» louse (1) nommé Barthélemy, voyant
» *tous les conseillers de la chambre de même*
» *opinion* en un procès, et directement *con-*
» *tre l'ordonnance*, il les contraignit, après
» avoir fait assembler toutes les chambres,
» *de changer d'opinion, et juger selon l'or-*
» *donnance.* Toutefois, en ce cas où l'injus-
» tice seroit évidente au fait qui se présen-
» teroit, les sages magistrats ont accoutumé
» d'en advertir le roi, pour déclarer son or-
» donnance, qui est l'un des points con-
» cernant la majesté; *et n'appartient pas aux*
» *magistrats de passer par-dessus l'ordon-*
» *nance* (2) ni disputer d'icelle, étant claire

---

(1) Dans ce récit je ne vois que de nouveaux Pilates
changer d'opinion, prononcer des sentences contraires,
et mieux aimer abdiquer leur dignité d'hommes que
leurs fonctions de magistrats.   C.

(2) Bodin, qui se montre quelquefois si judicieux,

» et sans difficulté ; ains, il la faut bien
» étudier , pour l'exécuter de point en
» point. »

Nous le dirons franchement : il y a trop
de doute, trop d'hésitation, trop d'erreurs
dans l'opinion de ce grand magistrat,
M. Henrion de Pansey. Selon nous, voici
quel est le devoir des juges :

Tous leurs jugemens doivent être confor-
mes à la loi, mais ils ne doivent rendre au-
cun jugement contraire à leur conscience; si
leur conscience et la loi sont en opposition,
ils doivent se démettre de leurs fonctions.

Tous leurs jugemens doivent être confor-
mes à la loi.... Notre raison en est qu'ils

---

n'aurait-il pas dû ajouter : et n'appartient pas aux magistrats de passer par dessus la justice : ains doivent se
démettre de leur état, si les états de justice ont été donnés à vertu. C.

sont *juges*, c'est-à-dire organes de la loi, *les lois parlantes*, *délégués* du prince qui n'est qu'un des membres de la puissance législative, et qui deviendrait législateur, si ses *délégués* n'étaient pas *esclaves* de la loi.

Mais ils ne doivent rendre aucun jugement contraire à leur conscience...... Notre raison en est qu'ils sont *hommes*.

Voilà nos deux principes.

Si leur conscience et la loi sont en opposition, ils doivent se démettre de leurs fonctions.... Voilà la conséquence de nos deux principes.

Et, en effet, en conservant leurs fonctions, ou ils jugeraient *suivant la loi, contre leur conscience :* et alors je les abandonne au mépris de l'espèce humaine ; ou ils jugeraient *suivant leur conscience, contre la loi :* et alors *ils agiraient sans droit,*

hors et contre des fonctions qu'ils conserve-
raient !

Vous ne pouvez à la fois agir contre vos
fonctions et les conserver !

Magistrats, vous avez agi, dites-vous, *sui-*
vant votre conscience, contre la loi : oui, je
le crois ; mais cependant vous n'avez satis-
fait qu'à demi votre conscience, qui vous
commandait votre démission : craignez que
vos exemples ne servent de prétexte à ceux
qui ne voudront suivre ni leur conscience,
ni la loi. Non, la nation ne peut vouloir
cet intolérable abus : *délégués* du Prince,
vos fonctions vous enchaînent à la loi. Vos
jugemens ne doivent jamais être qu'un
texte précis de la loi. « S'ils étaient une opinion particulière du juge, dit le plus grand
des publicistes, Montesquieu, (1) on vi-

____

(1) *Esprit des Lois,* liv. xi. chap. vi.

vraitdans la société sans savoir précisément
les engagemens que l'on y contracte. » Il
n'en est pas ainsi ; la liberté même de la
nation veut qu'un citoyen, lors même qu'il
serait condamné par ses *pairs*, par les jurés,
par *le pays* ou la nation , ce citoyen fût-il
coupable du plus grand des crimes, eût
encore le droit de se faire renvoyer absous
par les magistrats dépositaires des lois, si
ce crime n'avait été prévu, défendu et qualifié par une loi (1).

C'est donc par des raisons puisées dans
la nature de l'institution, que nous avons
reconnu aux jurés *le droit et le devoir*, si la
loi est injuste ou trop sévère, de violer la
loi, pour *absoudre* l'accusé, ou *diminuer* la
peine. Nous avons cité les opinions de

______

(1) Telle est notre législation, telle est la législation
anglaise.

plusieurs publicistes, et l'exemple de l'Angleterre ; mais jamais personne n'a reconnu aux magistrats, *délégués* du prince, le droit de désobéir à la loi. Cette différence est établie par la différence évidente qui existe entre la nature de l'institution du jury, et la nature de l'institution de la magistrature. On ne doit donc pas accuser les jurés de parjure.

Cependant, si des jurés, *croyant* commettre un parjure, ne voulaient pas le commettre, ce n'est pas nous qui les blâmerions ; mais aussi nous nous empresserions de leur dire : Votre serment ne peut vous obliger à commettre une injustice ; si vous reconnaissez la loi injuste, vous ne devez obéir ni à votre serment ni à la loi (1).

____

(1) Voici le serment que prêtent les jurés : « Vous jurez et promettez devant Dieu et devant les hommes,

§ XIII.

« Mais, dira-t-on, quand faut-il punir?
quand faut-il pardonner? C'est une chose
qui se fait mieux sentir qu'elle ne peut se
prescrire. Quand la clémence a des dangers, ces dangers sont très-visibles. » (Montesquieu, *Esprit des Lois*, liv. VI, chap. XXI.)
« Tout châtiment, a dit encore Montesquieu, dont la nécessité n'est point abso-

---

d'examiner avec l'attention la plus scrupuleuse les
charges qui seront portées contre N. ; de ne trahir ni les
intérêts de l'accusé, ni ceux de la société, qui l'accuse ;
de ne communiquer avec personne jusqu'après votre
déclaration : de n'écouter ni la haine ou la méchanceté,
ni la crainte ou l'affection ; de vous décider d'après les
charges et les moyens de défense, suivant votre *conscience* et votre intime conviction, avec l'impartialité et
la fermeté qui conviennent à un homme *probe* et *libre*. »
(Art. 312 du Code d'instruction criminelle.)

lue, devient tyrannique. » Beccaria a développé cette pensée et a dit :.... « Je n'entends par justice que le lien nécessaire des intérêts particuliers, lien sans lequel on les verrait bientôt se séparer, et ramener l'ancien état d'insociabilité. D'après ces principes, tout châtiment qui va plus loin que la nécessité de conserver ce lien, est d'une nature injuste (1). » La considération suivante, de Filangieri, est bonne et exacte dans beaucoup de circonstances : « Une punition, a-t-il écrit, qui n'est pas ratifiée par l'assentiment général, est inutile, et une punition inutile est toujours injuste, parce que l'objet de la loi n'est pas de venger la société, mais de la préserver des maux auxquels l'impu-

______

(1) *Des Délits et des Peines.*

nité du coupable pourrait l'exposer (1). »
Quant à cette dernière pensée (2), peut-
elle encore former un doute au milieu
d'une société civilisée? elle a été développée
par Filangieri dans ces paroles : « Ni la
vengeance, ni l'expiation du crime ne sont
les objets des peines ; la vengeance est une
passion et les lois en sont exemptes. La
justice ne ressemble pas à ces divinités auxquelles des hommes cruels immolent des
victimes humaines pour apaiser leur fureur (3). » Beccaria a exprimé le même sentiment en ces termes : «*Pour que tout châtiment ne soit pas un acte de violence* exercé
par un seul ou par plusieurs contre un ci-

---

(1) Partie 2, chap. iii.
(2) Pœna non irascitur, sed cavet. (Sénèque.)
(3) Partie 2, chap. iv.

toyen, il doit essentiellement être public,
prompt, *nécessaire, proportionné au délit,
et le moins rigoureux possible dans les circonstances données* (1). » Celui qui a dit :
« En général, on a toujours trop considéré
la société et trop oublié l'homme, » blâ-
mait avec raison, par ces paroles, cet esprit de système qui tend à faire croire que
les peines ne sauraient être jamais assez sé-
vères dans l'intérêt de la société ; et qui
ne voit pas qu'*en oubliant trop l'homme et
en considérant trop la société*, on nuit à la
société elle-même. Écoutons ces paroles
justes, philantropiques, élevées de Bentham : « Il ne faut pas oublier, quoique
trop souvent on l'oublie, que le délinquant
est membre de la communauté, comme

----

(1) *Des Délits et des Peines.*

tout autre individu, comme la partie lésée elle-même, et qu'il faut consulter son intérêt autant que celui de tout autre. Son bien-être est proportionnellement le bien-être de la communauté; son mal, le mal de la communauté. Voilà la base, la solide base des idées morales de la justice (1). »

Il faut, s'il est possible, il faut que, lorsqu'une peine est infligée au coupable, il sente lui-même la justice de la peine; ainsi, il sera à moitié réformé!

Un des objets du système pénal est de réformer le coupable, et vous le puniriez d'une peine injuste! Ce serait lui rendre crime pour crime! Ce serait être plus injuste que lui: vous le seriez, avec dérision, au nom de la justice! Ce serait étein-

____

(1) *Théorie des Peines et des Récompenses.*

21

dre dans son âme les remords, ou perdre le droit de lui en demander ! S'il redevient coupable, ne vous en étonnez pas : vous lui aurez appris la vengeance ! Autant qu'il vous a été possible de le faire, vous avez tari en lui la conscience : vous-même vous en avez manqué ! Ah ! puisse cependant s'élever dans son cœur cette pensée, inspirée de Dieu même, et que vous avez cherché à étouffer : « Rien, pas même l'injustice des hommes, ne peut me forcer à devenir injuste envers eux ! »

Non, l'injustice n'est jamais chose faisable. Le jury ne condamnera donc jamais si la loi est *entièrement* injuste, c'est-à-dire si elle prononce *une* peine lorsque l'action ne doit être punie par *aucune* peine, et il arrangera sa déclaration de manière à *diminuer* la peine, si la loi est *partiellement* injuste, c'est-à-dire si elle prononce une peine *trop sévère* lorsque l'action ne doit être punie que par une peine moins sévère.

C'est ainsi que l'institution du jury sera réellement la sauvegarde de la liberté individuelle et de la liberté politique.

Elle honorera le genre humain, et contribuera puissamment à sa régénération, en proclamant la souveraineté de la conscience.

FIN DE LA DEUXIÈME ET DERNIÈRE PARTIE.

www.ingramcontent.com/pod-product-compliance
Lightning Source LLC
LaVergne TN
LVHW050208030726
842520LV00002B/442